昭和～平成

東武東上線 沿線アルバム

解説　辻 良樹

JN104142

©1979（昭和54）年10月5日　撮影：長渡 朗

1章 カラーフィルムで記録された東武東上線 …………………… 21

2章 モノクロフィルムで記録された東武東上線 …………………… 63

都市化する沿線にあって耕作地が残る風景と8000系。写真左側が朝霞台駅周辺。急激に都市化した駅周辺に比べて、このあたりは広大な耕作地で、複線から複々線化後も残り、さらに写真後も昔のような沿線風景を残している。
◎朝霞台〜朝霞　1998（平成10）年12月28日　撮影：安田就視

箭弓稲荷と百穴
（池袋より一時間武州松山驛　前より吉見の百穴は約二粁）

保食命を祀る箭弓稲荷は、古來賭事必勝の守護として巷間の信仰厚く、廣茅の境内には二十四種約二千株の牡丹園がある、又四季を通じてハイキング、ピクニックの好適地と謂れる吉見の百穴は、太古丘陵の斜面巖疊を巧に堀鑿して前人穴居の蹟として考古學上貴重なる存在である。

新月ケ瀬の梅林
（池袋より一時間坂戸乗換　越生驛より七丁）

越邊川の清流に臨み、山紫水明の環境は月ケ瀬に似て此の名あり、老木數百株芳香馥郁する花期の詩情は羽化登仙の恍惚境である。

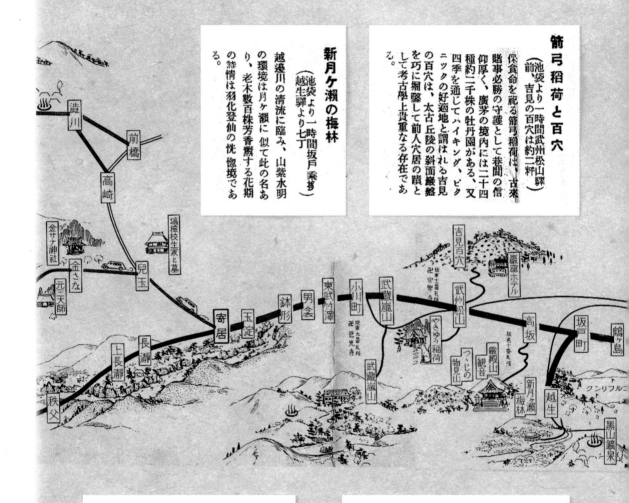

長瀞
（池袋より二時間へ寄居にて乗換、春秋直通列車運轉、驛前）

山容水態勝れて大自然の妙技に驚く秩父赤壁とも稱せられ此處より波久禮までの舟下りは日本ライン下りを想起し、思はズ口唇を破る快哉、春は櫻に明けて秋紅葉まで都人士の天然公園となる。

武藏嵐山
（池袋より一時間　驛より約三粁バスあり）

京の嵐山に彷彿たる山水の景勝地、槻川半島を中心とする溪谷に、釣、舟、水泳等によく、魚木に登る水景と、松月樓の開設によって春は櫻より山つゝじ秋は紅葉まで、都人士の安息郷としての條件は完備された。

東武電車　東上線は

山ノ手線池袋より武藏野平原を西走横斷し、川越市、松山、小川町等の都邑を繚ふて寄居驛に達し、秩父線を通じて長瀞、秩父町、三峯秩父連峯方面に、一方上武自動車により兒玉町、鬼石、八鹽鑛泉三波川勝地區に、他は八高線により伊香保、信越地方に連絡す、從つて沿線は名所、舊蹟、遊覽地に富み、登山ハイキングにも好ルートを提供して居ります

朝霞の大梵鐘と岡不動、芋堀、
（池袋より二五分）（驛より一粁余）

口徑九尺三寸自重二萬貫日本第二の大梵鐘を誇る近代的寺院青山寺あり。又ゴルフリンクあり。詩的に散在する雜木林を背景とする東圓寺の清楚なる境内には飛瀑あり、浴槽もあり、一日の行樂に身心を洗ふによく、附近は川越芋の本場、小春日和に芋を堀りつゝ一日土に親しむこそ秋思の一興であらう。

成增の兎月園（驛より二〇丁）

都會の雜音を忘れた武藏野の一隅、面白く起伏せる松林の丘陵に泉石の工を加へた二萬余坪の幽雅なる園内に、瀟洒なる茶亭を配し、家族連れ一日清遊の別天地。

志木の平林寺
（池袋より三〇分）（驛より四粁、成增よりバス）

丘と雜木林を幾つか越へて、茫々と果てぬ野道を行けば、其昔松平信綱の野火止め用水で知られた清流が、誰を待つやらカラカラと門前の水車に詩趣を深めて居る。寺は武藏野和尚再興の禪寺である、附近は武藏野の興亡を語る幾多の史蹟がある、ハイキングの好ルート

巖殿山觀音と山つゝじ
（池袋より一時間）（高坂驛より二粁バスあり）

阪東十番札所、それ自體が幽邃壯嚴なる殿堂と境内を聯想させる、この邊は數百町歩の官有栗林と松柏の丘陵が交錯してアベックハイキングの會心境である、春は滿山燃ゆる山つゝじの物見山より武藏野平原を一眸に收むる時口暦自ずから笛となる素晴らしい眺望の名所でもある。

（地図内の地名）喜多院、錦の原、櫻草、岡不動、田島原、星、芋堀、霞ヶ関、川越市、川越西町、新河岸、上福岡、鶴瀬、志木、朝霞、新倉、成增、下赤塚、東武練馬、上板橋、武藏常盤、中板橋、大山、金井窪、下板橋、東武堀之内、池袋、ゴルフリンク、兎月園、東圓寺、平林寺、競馬場、黑山三瀑、東京、淺草雷門、上野、神田、東京、新橋、下鉄、大塚、巢鴨、新宿、日光きぬ川方面行、東武鐵道直營住宅地

所蔵：生田 誠

池袋〜下板橋付近の地図

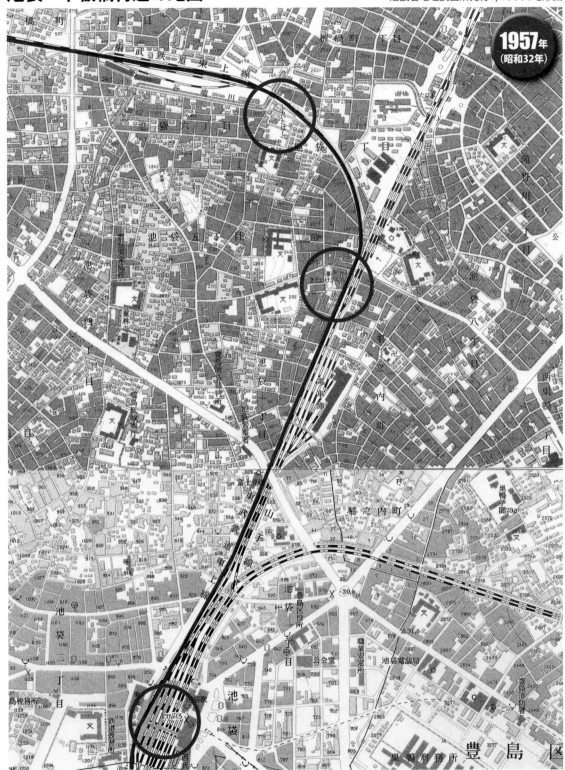

下が池袋駅。東側に西武、西側に東横とあり、東武はない。これは百貨店の名で、東武百貨店が開店する前の地図。東横とは現在の東急百貨店のことで、東横百貨店池袋店は後に東武百貨店の池袋店の別館になる。鉄道路線だが、東へ曲がるのは山手線。東上線と北東へ並行するのが後に赤羽線と呼ばれる路線。横に山手線と記されているが、これは1972（昭和47）年に山手線から赤羽線の名で分離する前だったからである。東上線は国鉄池袋電車区のそばを通り抜けて北池袋駅へ、そして西へカーブを描き、下板橋駅、下板橋留置線と続く。

中板橋～武蔵常盤（現・ときわ台）付近の地図

陸軍陸地測量部発行1/10000地形図

1937年（昭和12年）

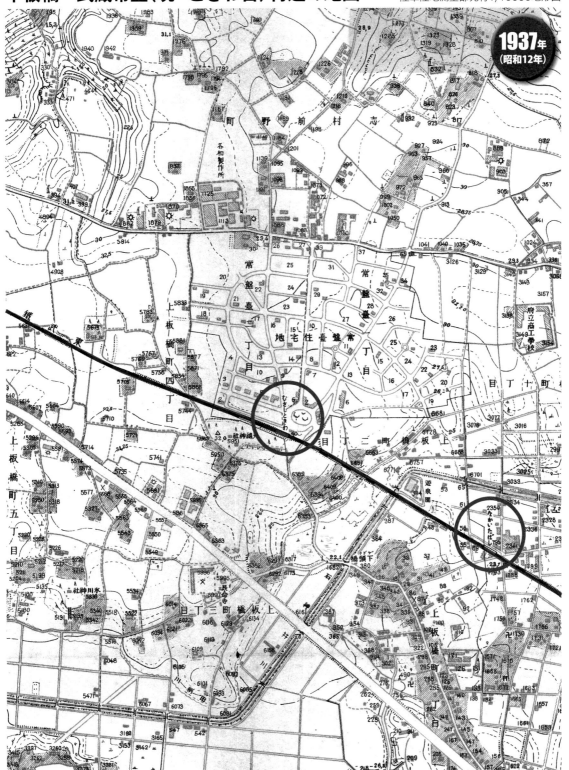

戦前の地図。中板橋駅、武蔵常盤駅ともに、地図当時はまだ開業して年数が浅い駅だった。中板橋駅の北を流れるのは石神井川である。ときわ台駅が武蔵常盤駅だった時代だ。ときわ台駅へ改称するのは戦後の1951（昭和26）年のことだった。常盤の駅名は、地図の駅の南に記された天祖神社の松の名が由来という。駅の北側には東武鉄道が開発した常盤台住宅地の街路が広がっている。

上板橋～東武練馬付近の地図

建設省地理調査所発行1/10000地形図

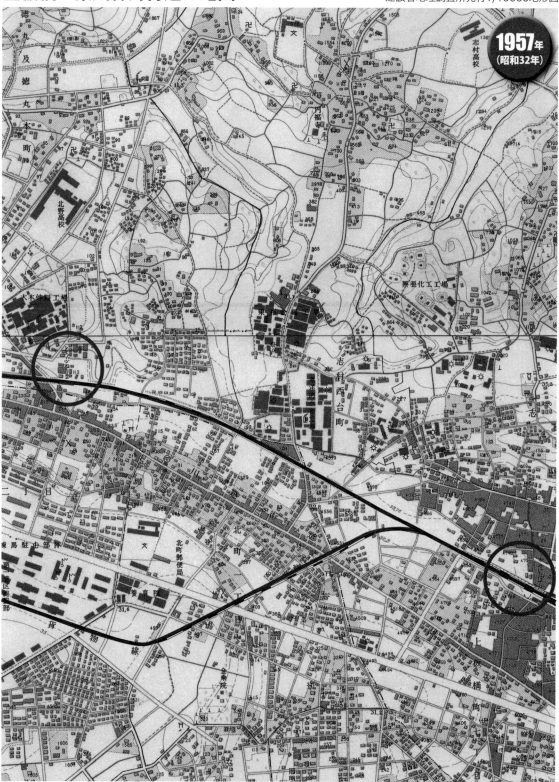

1957年
（昭和32年）

地図の右端に上板橋駅があり、西へ向かって分岐するのは啓志線。地図左端に陸上自衛隊練馬駐屯地があり、ここは元陸軍第一造兵廠で、陸軍が敷設した陸軍第一造兵廠までの軍用線をGHQの指令によって延伸して啓志線とした。延伸理由は、その先に成増陸軍飛行場を接収してグラントハイツが建設されたからで、グラントハイツとはアメリカ軍上級士官や家族用の住宅地だった。グラントハイツ跡は現在の練馬区光が丘である。

下赤塚〜成増付近の地図

陸軍陸地測量部発行1/10000地形図

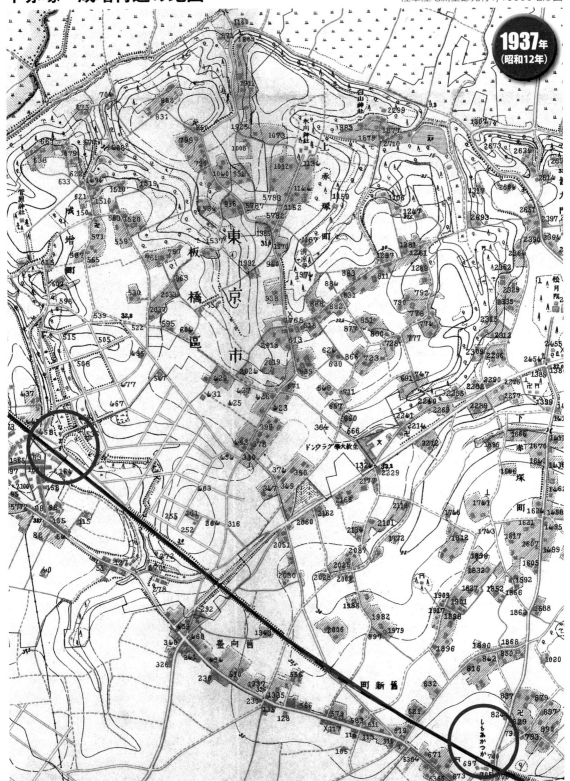

1937年
（昭和12年）

下赤塚から成増にかけて川越街道が近接する。街道筋には古くからの商店や民家が建ち並ぶのがわかるが、東上線沿線は閑散としている。成増駅界隈は武蔵野台地と荒川低地の分かれ目で、武蔵野台地側の駅の南側と低地の駅の北側では高低差が見られる。地図には商店などの集積が駅の南側に広がる様子が描かれている。

新倉（現・和光市）付近の地図

陸軍陸地測量部発行1/10000地形図

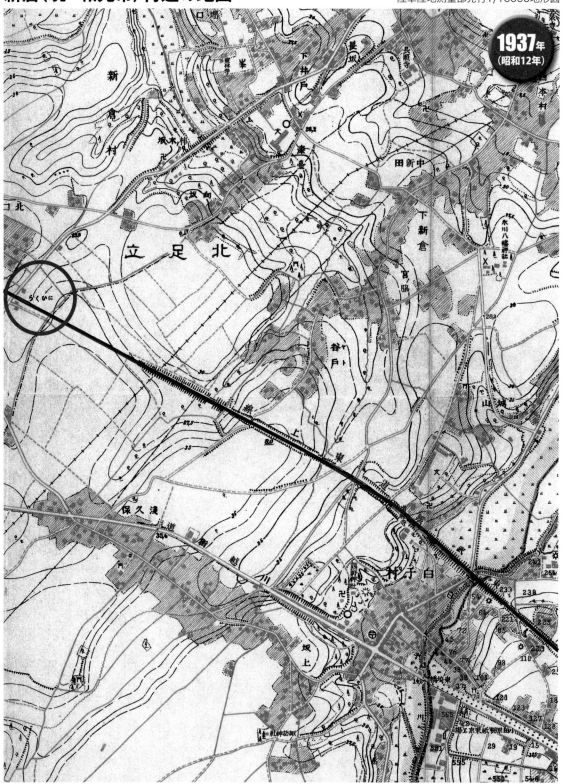

1937年（昭和12年）

地図右側に存在感を見せる白子村。白子川と川越街道旧道が交差するあたりを中心に街道時代は白子宿が置かれて賑わった。
地図当時からもその面影が色濃く残ることがわかるが、成増や地図左端の新倉（現・和光市）とは異なり、東上線の駅が無く、
次第に地域の中心地的な役割が減り、それらは両駅周辺へと移っていった。

朝霞付近の地図

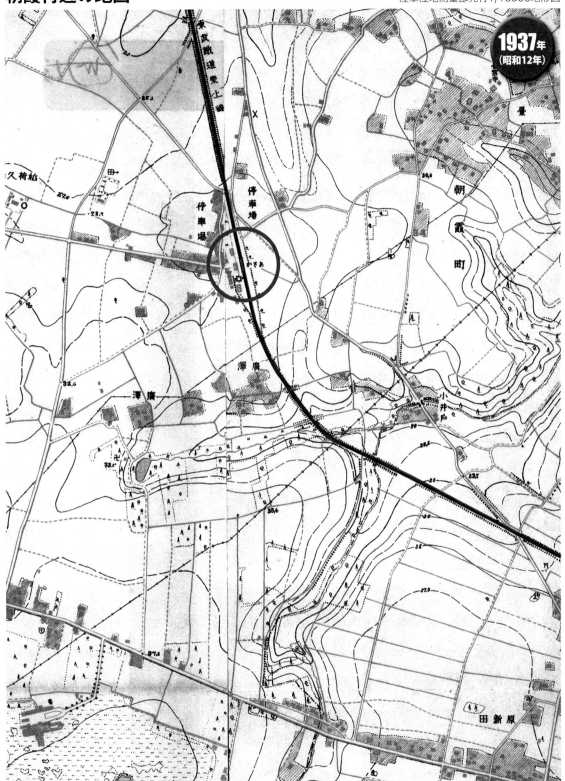

1937年
（昭和12年）

朝霞駅の一帯に停車場と記されている。朝霞駅は膝折駅として東上鉄道開通時に設置された駅で、膝折とは朝霞駅から西へ伸びる道を進んだ先の地名で、川越街道膝折宿があったところだ。旧来からの交通の中心地だった膝折宿に対して、新興地の鉄道駅の周辺を停車場と呼んだ。後に朝霞駐屯地となる場所は、地図の下、川越街道の南の一帯。当時は東京ゴルフ倶楽部で、名誉総裁の朝香宮の朝香から町制施行時に膝折村から朝霞町（当時）になった。

膝折（現・朝霞）〜志木付近の地図

陸軍陸地測量部発行1/25000地形図

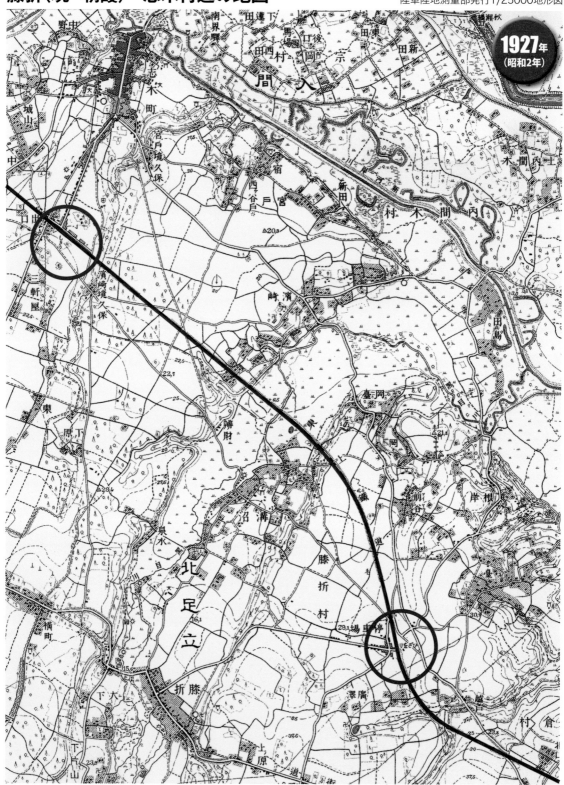

1927年（昭和2年）

昭和に入って間もない1927（昭和2）年の地図なので、1970年代に開業した武蔵野線や北朝霞駅、そして東上線朝霞台駅は存在しない。このあたりは川越街道から離れるような線形になっている。当初の計画は川越街道に沿ったルートで志木を通らない予定だったが、志木の有力者などの熱心な働きかけでルートが変更され、このような線形が生まれた。

鶴瀬〜上福岡付近の地図

建設省地理調査所発行1/25000地形図

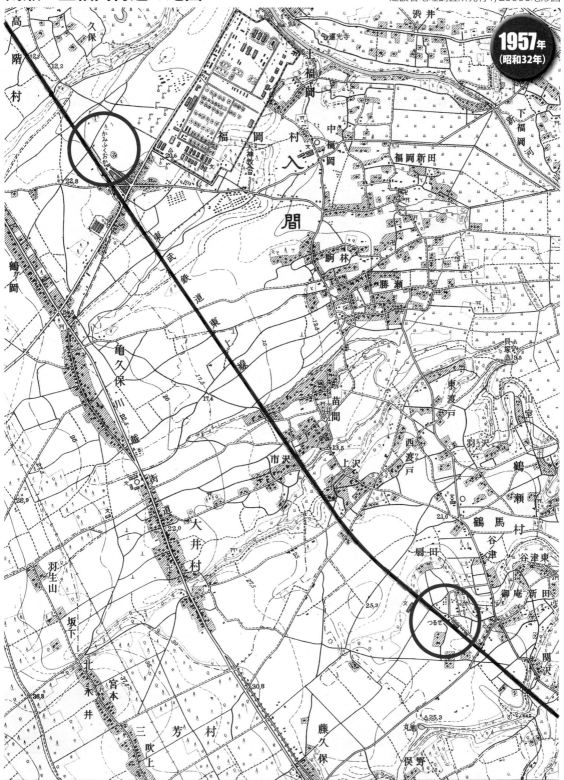

1957年（昭和32年）

鶴瀬駅、上福岡駅ともに東上鉄道開業時からの駅。現在は、両駅の中間ほどに主要駅のふじみ野駅があるが、同駅の開業は1993（平成5）年だ。なお、同駅の場所には1951(昭和26)年から1954(昭和29)年まで、ききょう原信号所があり、鶴瀬〜上福岡間の複線化で廃止された。上福岡駅の北東側に位置するのは旧陸軍の弾薬工場跡。後に日本住宅公団によって上野台団地が造成される。

新河岸～川越市付近の地図

建設省地理調査所発行1/25000地形図

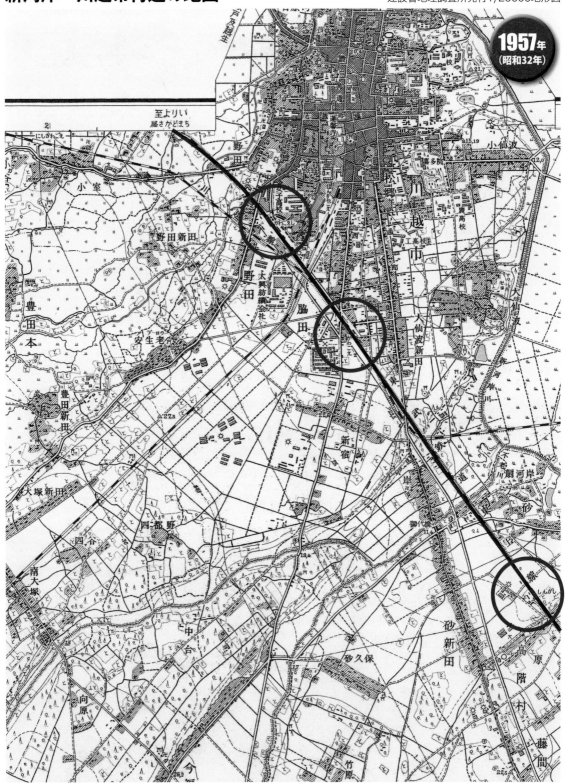

1957年（昭和32年）

川越市の市街地が際立ち、周辺には田畑が多く見られた頃。市街地の南下は今ほどではなく、川越駅は市街地の端である。一方、川越市駅は旧来からの市街地に近い駅で、市街地中心部に位置する西武鉄道本川越駅に近い。この距離感は現在も同様だ。川越駅は後の国鉄川越線の電化で埼京線との直通運転が開始されて利便性が向上。さらに橋上駅舎化などの駅整備が進み、現在は名実ともに川越市の代表駅である。

霞ケ関〜鶴ケ島付近の地図

建設省地理調査所発行1/25000地形図

1957年（昭和32年）

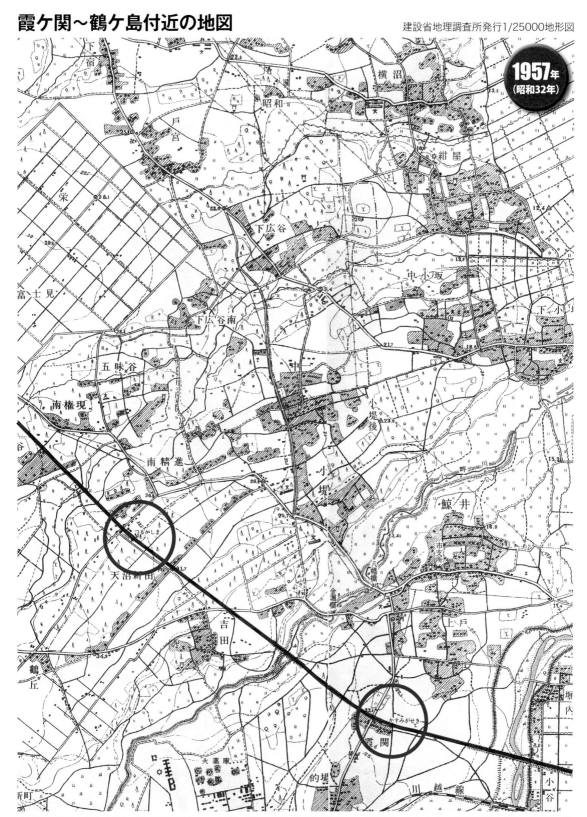

入間川を渡れば霞ヶ関駅。駅名の由来になった霞ヶ関村は1955（昭和30）年に川越市へ編入した。埼玉県営鉄道の川砂利運搬用の専用線が霞ヶ関駅から分岐して南へ伸び、川越線をアンダークロスしていた。しかし、砂利の採取量が大幅に減り、鉄道での輸送は長い間休止中だったとの説もあり、1957（昭和32）年に廃止届の提出が行われた。隣駅の鶴ケ島駅の周辺は針葉樹林の地図記号が多い。

坂戸町（現・坂戸）付近の地図

建設省地理調査所発行1/25000地形図

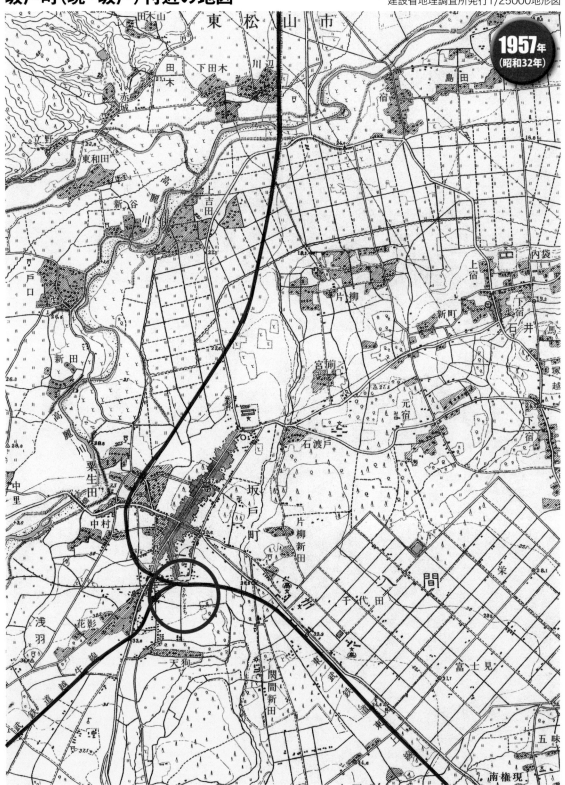

1957年
（昭和32年）

地図中ほど下に坂戸町駅がある。当時は市制施行しておらず坂戸町で、駅名も坂戸町だった。市制施行で坂戸市になると、坂戸市駅ではなく坂戸駅になった。同駅を境にして東上線は北東へ進路を変える。そして、南西へ向かって東武越生線が分岐する。掲載の地図には、東上線と越生線の間から西へ伸びる線路が見られる。高麗川で採取した川砂利を運搬するために敷設されたトロッコ軌道であった。

高坂〜東松山付近の地図

建設省地理調査所発行1/25000地形図

1957年（昭和32年）

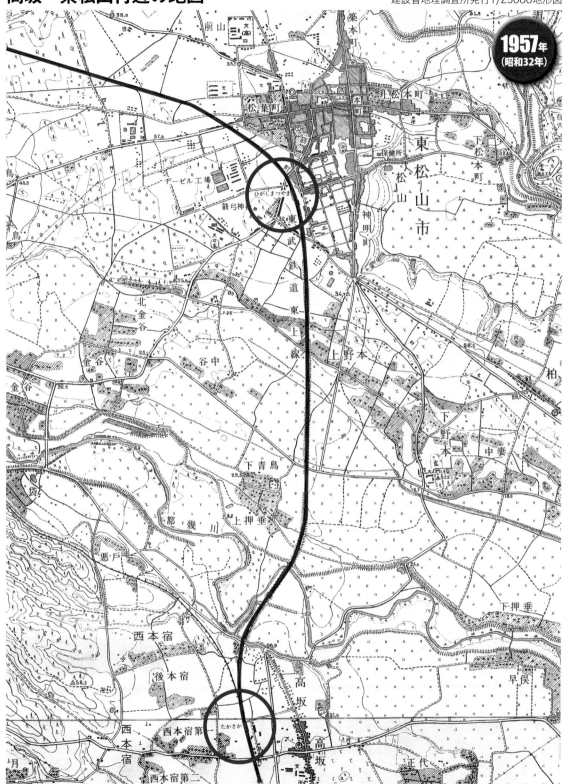

高坂駅から西側へ分岐する専用線は、1955（昭和30）年に「日本セメント東松山専用鉄道」として開通し、東武鉄道が管理する東武鉄道高坂構外側線として運行されて1984（昭和59）年に廃止となった。現在の廃線跡は東松山市が整備した遊歩道になっている。東松山市は1954（昭和29）年7月に松山町と周辺の村が合併して誕生した。松山市の予定だったが、愛媛県松山市があるため、東松山市に。駅名改称はやや遅れて同年10月に武州松山駅から東松山駅へ改称した。

小川町付近の地図

建設省地理調査所発行1/25000地形図

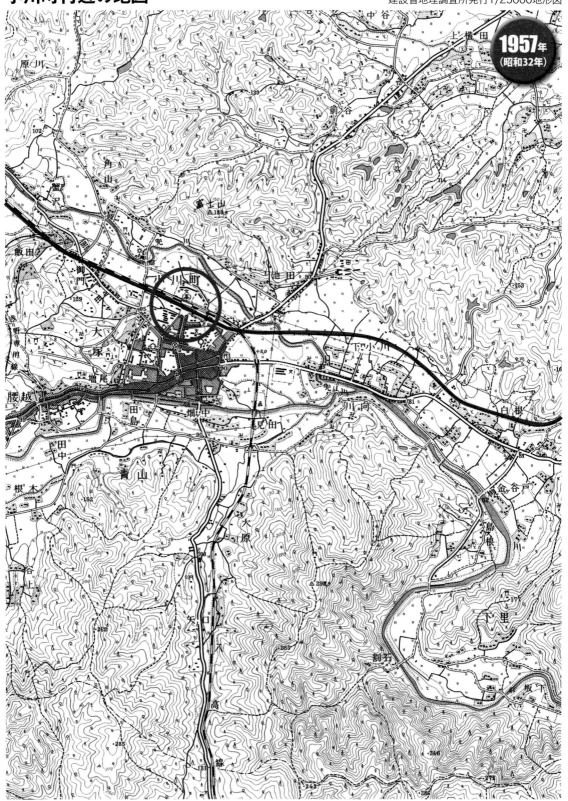

1957年
（昭和32年）

国鉄八高線は南からやってきて西へ進行を変えて小川町駅へ、東武東上線は東から西へ記された路線。小川町の中心地の北に両線の駅がある。小川町に鉄道を開通させたのは東武のほうが早かった。小川町駅から西へ進んだところから分岐する浅野専用線とあるのは、1967（昭和42）年に廃線となった東武根古屋線である。

武州長瀬～越生付近の地図

建設省地理調査所発行1/25000地形図

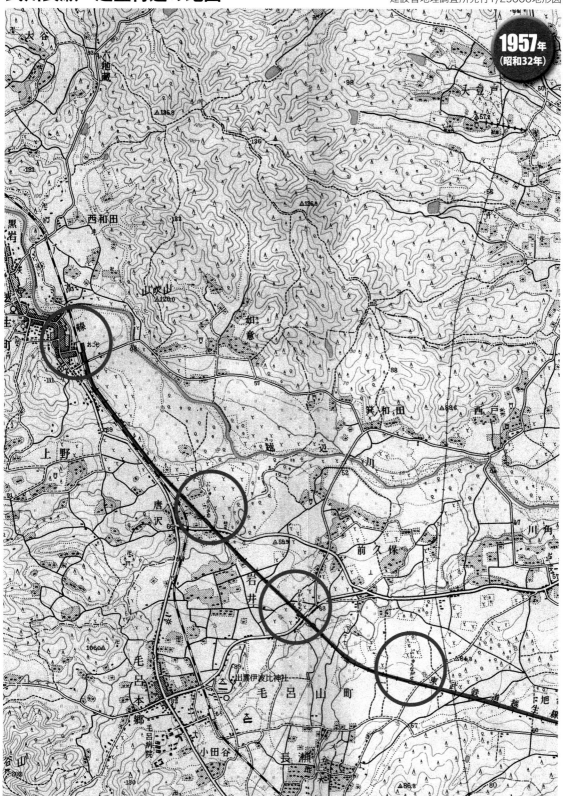

1957年
（昭和32年）

地図右側が東武越生線の起点、坂戸町駅（現・坂戸駅）方面。武州長瀬駅、東毛呂駅、武州唐沢駅と続き、西から国鉄八高線が寄ってきて並行しつつ越生駅へ到着する。東武越生線は終点、八高線はこの先も続く。東武越生線は越生鉄道が開業した路線で東武鉄道との合併で東武の路線になった。越生駅へ鉄道を開通させたのは、八高線のほうが1年8ヶ月早かった。

はじめに

　東上線に初乗車したのは、10代中頃の1980年代初期だった。叔母が叔父の東京転勤で下板橋に住んでいたので、夏休みを利用して滋賀から遊びに行った。東武百貨店と西武百貨店に挟まれたような池袋駅。池袋駅から出発したセイジクリーム色の8000系は、北池袋を発車すると大きく西へカーブを描き、建物が密集した沿線を縫うように走った。下板橋駅は、都会の雑踏の中にある駅という印象で、そのずっと先に郊外的な風景が広がっているとは想像できなかった。

　しかし、そこには本格的な開発が始まる前の路線や沿線があった。1987（昭和62）年の営団有楽町線と東上線との相互直通運転はまだ先のことで、和光市〜志木間は複々線ではなく複線だった。営団有楽町線乗り入れ前の和光市駅は島式ホーム1面の駅で、駅付近に広大な未開発地が広がっていた。その先の朝霞台駅は開業8年ぐらいの時で、新興の駅という雰囲気。朝霞台駅より1年早く開業した国鉄武蔵野線北朝霞駅との交差が将来の発展を予感させたものの、駅近にさえ農地が残っていた（離れた農地とは異なる）。東京に比較的近い距離なのに、どこかのんびりしていた雰囲気が、かつての東上線の魅力であったと筆者は思う。

　東上線は池袋〜寄居間75kmの長い路線。志木より先の区間についても、昭和末期から平成初期にかけてのバブル景気以降、その姿を大きく変えてきた。この写真集では、それらの変遷とともに、昭和戦前期からの移り変わりも写真を通じて知ることができる。そして吊り掛け駆動の7300系、7800系、8000系同様の車体を載せた5000系、あるいはそれ以前の旧型車のほか、貨物列車からも東上線の昔日や懐かしい時代を感じられるだろう。

2022年5月　辻　良樹

セイジクリーム色の5000系。5000系は、1979（昭和54）年から登場した7800系の車体更新車。カルダン駆動で製造された8000系と同様の車体に載せ替えた吊り掛け駆動車で、大手私鉄で吊り掛け駆動車が珍しくなるまで運用された。
◎中板橋〜ときわ台　昭和50年代　撮影：花上嘉成（RGG）

1章
カラーフィルムで記録された
東武東上線

池袋駅で撮影の7300系準急。池袋～川越市間の行先表示。7300系の特徴であるグローブ型ベンチレーターが2灯式シールドビームの奥から顔をのぞかせる。隣には赤羽線のカナリア色クモハ101が写り、こちらもグローブ型ベンチレーターだ。
◎池袋　1975（昭和50）年9月21日　撮影：長渡 朗

車体窓の補強板であるウィンドウシル・ヘッダーが時代を感じさせる7300系＋7800系。車体更新で7800系の車体を載せていた。現在では池袋〜寄居間を定期で直通する運用は見られないが、当時は写真のように池袋〜寄居間の直通運転は日常の姿だった。◎池袋　1979（昭和54）年10月5日　撮影：長渡 朗

国鉄時代の池袋電車区側から見た風景。
奥から東武東上線、赤羽線、池袋電車区
の順。当時は埼京線の呼称はなく赤羽線。
池袋電車区には山手線や赤羽線で運用さ
れる103系が配置され、ウグイス色に混
じってカナリアイエローの姿も見られる。
◎池袋〜北池袋
1984（昭和59）年1月23日
撮影：安田就視

積雪の中を走る8000系。戸袋窓のない
スマートな側面。都市化による沿線人口
の急増に対応して1963(昭和38)年から
製造された形式。長きに亘り製造が続き
712両の車両数に至った。池袋〜北池袋
間は国鉄赤羽線池袋〜板橋間との並走区
間。その写真右側は国鉄時代の池袋電車
区である。
◎池袋〜北池袋
1984(昭和59)年1月23日
撮影：安田就視

池袋方面からゆるやかにカーブしながら北西に進む東武東上線が見え、中央付近に大山駅が置かれている。右側には首都高速
5号池袋線が通っており、板橋区役所の庁舎が存在している。首都高速の下には山手通り、都営地下鉄三田線が走っており、板
橋区役所前駅が置かれている。◎大山駅周辺　1991（平成3）年8月16日　提供：板橋区公文書館

東上線開業90周年記念でツートンカラーのリバイバル編成になった8108編成。8000系登場当時は濃いベージュにオレンジのツートンカラーだったことにちなんだ。運行は2004（平成16）年10月から2005（平成17）年6月の期間限定であった。
◎中板橋　2005（平成17）年5月3日　撮影：荒川好夫（RGG）

10000系の小川町行特急。ステンレス車体にロイヤルマルーンの帯が映える。マルーン色は東武では1720系や5700系等で見られた優等列車のカラーとして知られる。9000系に続くステンレス車体で、1983（昭和58）年12月から東上線で運用を開始した。◎中板橋　2005（平成17）年5月5日　撮影：荒川好夫（RGG）

東武6050系風の前面形状への改造や同系同様の排障器取り付けを行った編成。側面には方向幕を取り付けた。時が進むにつれて8000系オリジナルの前面形状を残す編成が数を減らしていった。
◎成増〜和光市　1995（平成7）年6月17日　撮影：武藤邦明（RGG）

東武東上線と国道254号（川越街道）が並行して走る成増駅付近の空撮で、ビル、住宅が立ち並ぶ中で、成増駅と駅前ロータリー
の姿が印象的である。その左上に見える2つの学校は赤塚第二中学校、成増ヶ丘小学校である。一方、写真の右下には成増小
学校の校舎、校庭が見える。◎成増駅周辺　1991（平成3）年8月16日　提供：板橋区公文書館

営団地下鉄車両が乗り入れるようになった和光市駅。和光市行の営団7000系で、営団有楽町線の開通で駅は大きく変わった。テレビ週刊誌の創刊5周年をPRする横断幕が7007の前面上に写る。このテレビ週刊誌の創刊5周年と営団有楽町線和光市〜営団成増間の開通は同じ年であった。立派な島式ホームの向こうには、整備前の南口の様子が写る。
◎和光市　1987（昭和62）年　撮影：山田虎雄

青空の元、築堤を駆けるカルダン駆動の8000系。沿線人口増加とともに開発がさらに進んでいた頃。複線用の架線柱が並ぶ姿も今となっては懐かしく、写真の8年後には複々線化によってこのあたりの路線風景も変わった。
◎朝霞台〜朝霞　1979（昭和54）年6月8日　撮影：安田就視

黒土の耕作地と7300系のセイジクリーム色とのコントラストが印象的に写る。写真は昭和50年代の複線時代を写したもので、牧歌的な雰囲気が感じられる。1987（昭和62）年の和光市〜志木間の複々線化でこのあたりも複々線化された。
◎朝霞〜朝霞台
1979（昭和54）年6月8日
撮影：安田就視

開発の余地を残していた1980年代初めの沿線風景を走る7300系＋7800系。両系とも吊り掛け駆動車で、旧型車ならではの走行音を響かせながら走っていた。セイジクリーム色のボディと黒い屋根との見た目からカステラ電車というニックネームがあった。
◎朝霞台～朝霞
1981（昭和56）年
撮影：諸河 久

営団有楽町線との直通運転用として登場した9000系。1981（昭和56）年に9000系試作車が誕生し、1987（昭和62）年の営団地下鉄有楽町線との相互直通運転開始に備えて量産車が登場した。写真の9101編成は試作車で、普通新木場行である。
◎朝霞台～志木
2006（平成18）年1月24日
撮影：安田就視

7300系は、終戦後の荒廃した車両事情を救うべく、当時の運輸省から割り当てを受けた63系電車で、東武初の20m級4扉車だった。写真のように、後に車体は7800系同様の車体に更新されている。写真は真上から見たシーン。7300系の特徴であるグローブ型ベンチレーターが並ぶ。◎朝霞〜朝霞台　1981（昭和56）年　撮影：諸河 久

50000系5000型は2005（平成17）年に営業運転を開始した形式。写真は50000系51002編成で、51001編成の正面非貫通に対して、51002編成以降は助手席側に非常用貫通扉を設けた。なお50000系5000型は、地下鉄直通対応の他の本系列（50050型や50070型、50090型）とは異なり、地下鉄線への直通対応は行っていない。
◎朝霞台〜志木　2006（平成18）年1月24日　撮影：安田就視

43年前の朝霞台駅付近を走る
8000系。写真右奥が朝霞台駅で、
オーバークロスするのが国鉄武
蔵野線。写真左に写る高架駅のプ
ラットホームは国鉄北朝霞駅。同
駅は1973（昭和48）年4月1日に
開業した武蔵野線と同時に開業し
た駅。一方、東上線の朝霞台駅は
北朝霞駅との乗換駅として翌年8
月に開業した。
◎朝霞台〜志木
1979（昭和54）年6月8日
撮影：安田就視

営団有楽町線和光市〜営団成増間が1987 (昭和62) 年8月25日に開業し、営団有楽町線と東上線との相互直通運転を開始した
ことで、営団の地下鉄車両が東上線へ乗り入れるようになった。写真は柳瀬川を渡る営団7000系。
◎柳瀬川〜みずほ台　2005 (平成17) 年11月20日　撮影：安田就視

写真は柳瀬川付近の農地沿いの道から撮影したもの。写真右側の向うに柳瀬川や柳瀬川駅が位置するところ。東上線の背景には階段状のマンションが建ち、グーグルのストリートビューで確認すると、現在もほぼ同じような風景だ。
◎柳瀬川〜みずほ台　2005（平成17）年11月20日　撮影：安田就視

晩秋の青い空のもと、沿線に群生するススキを横目に見ながら走行する8000系。私鉄最多数の車両が製造された形式で、東上線でも毎日当たり前のように走っていたが、現在の東上線系統では、小川町〜寄居間の区間運用や越生線運用で見る程度になっている。
◎柳瀬川〜みずほ台
2005（平成17）年11月20日
撮影：安田就視

柳瀬川を渡る10000系10030型の50番
台。冷房装置に一体型のカバーを装着す
る。柳瀬川駅近くの土手は桜の名所。駅
周辺はニュータウンとして開発されたと
ころで、駅は開発に伴い設置された駅。鉄
橋を渡る東上線の電車と桜の風景は、春
の沿線住民の憩いの場である。
◎みずほ台〜柳瀬川
1999（平成11）年4月4日
撮影：安田就視

後追いで、みずほ台駅方から柳瀬川駅へ
進入する7800系。7800系末期の頃で、
池袋行準急に運用中の同系が柳瀬川を渡
るところ。終戦後に導入した63系電車（後
の7300系）にて20m級4扉車の運用を重
ねてきた東武鉄道は、7300系の機能を元
に東武流にアレンジした車両を導入し、こ
れが7800系である。7300系とともに、
戦後から高度経済成長期にかけての輸送
力増強を担った。
◎みずほ台〜柳瀬川
1981（昭和56）年　撮影：諸河 久

8000系は1985（昭和60）年に塗色変更を開始。セイジクリームからジャスミンホワイトを基調にしたカラーとなり、ロイヤルブルーとリフレッシュブルーのラインが入った。写真は前面改造なしで表示器がLED化された編成。ただし、側面の行先表示器は未設置。◎みずほ台〜鶴瀬　2005（平成17）年4月29日　撮影：荒川好夫（RGG）

池袋〜川越市間の8000系の準急。東上線時代の8105編成で前面形状改造車。8105他は後に野田線へ転出した。プラットホームには乗務員の姿が写り、乗務員交替が見られる駅でもある。プラットホームの向こうには東武スポーツクラブの看板が見える。◎川越市　1980年代　撮影：山田虎雄

営団地下鉄有楽町線との相互直通運転開始による編成増備で登場した9000系量産車の9104編成で新木場行。当時は上福岡市だったが、2005（平成17）年に入間郡大井町と合併してふじみ野市になった。上福岡市がふじみ野市で、ふじみ野駅は富士見市ふじみ野東に所在する。
◎上福岡〜ふじみ野
1998（平成10）年12月28日
撮影：安田就視

奥に見える入間川の鉄橋を渡って残雪の中を走る8000系。宅地開発が進む沿線にあって、入間川付近のこのあたりは広々と
した風景が続く。写真のように切り取って見ると、池袋から30km強の所とは思えない。
◎霞ケ関〜川越市　1984（昭和59）年2月18日　撮影：森嶋孝司（RGG）

1998（平成10）年当時の沿線。畑が広がる風景の中を走る10000系10030型（10030系）。当時の沿線は川越市駅を境にして、それまでよりも農地が多く見られ、霞ヶ関〜鶴ヶ島間ではこのような風景も見られたが、現在では一部農地が残るものの、多くが宅地化されている。◎霞ケ関〜鶴ケ島　1998（平成10）年12月28日　撮影：安田就視

東から西へ向かって走ってきた東上線が坂戸で方角を変えて、北坂戸、高坂と北上を続ける区間。写真は晴天のもと、線路際を飾る鮮やかな花々の横を通り過ぎる急行小川町行の10030系。無機質な鉄道路線に彩りを添えている。
◎北坂戸～高坂　2005（平成17）年11月19日　撮影：安田就視

7300系は1947（昭和22）年の初導入以来運用されてき
た形式。途中、7800系同様の車体へ更新を行うことで
長く運用に就いてきた。2灯シールドビームの前照灯は
改造の際に交換されたもの。1980年代前半に同系は全
廃となり、写真の急行運用は廃車を前にした雄姿の記録
と言えるだろう。
◎東松山～高坂　1981（昭和56）年　撮影：諸河 久

すすきが広がる越辺川。トラス橋を渡る
8000系。東上線は北坂戸〜高坂間で北
上、南下する線形だ。越辺川と書いて「おっ
ぺがわ」と読む。由来は越生の辺りから
という説やアイヌ語の変化と関係する説
など諸説がある。
◎高坂〜北坂戸
2005（平成17）年11月19日
撮影：安田就視

通勤形電車の共通カラーだったロイヤルベージュとオレンジのツートンカラーをまとった7800系。蝶番型の行先板が回送に
なっており、森林公園検修区へこれから回送されるところ。森林公園駅は検修区と同時に開業した駅で、島式ホーム2面4線
の立派な構造の駅。写真当時は東松山駅で折り返す運用があったが、1977（昭和52）年のダイヤ改正で森林公園発着へ変更さ
れた。◎森林公園　1975（昭和50）年9月21日　撮影：長渡 朗

桜の荒川橋梁を行く8000系。昔の写真と比べると、セイジクリーム色だった車体カラーはジャスミンホワイトにロイヤルブルーとリフレッシュブルーのライン入りとなり、上路式網プラットトラスがグレーに塗り変わっているのがわかる。鉢形方も玉淀方も河岸段丘の地形で、両岸を渡す橋梁だ。◎鉢形～玉淀　2000（平成12）年4月9日　撮影：安田就視

荒川橋梁を渡る7300系+7800系の編成。1925（大正14）年竣工の上路式網プラットトラスが壮観な眺めだ。この橋梁は、小川町〜寄居間の開通に向けて建設されたもので、池袋〜寄居間全線開通を物語る鉄道遺産である。
◎玉淀〜鉢形　1983（昭和58）年4月21日　撮影：安田就視

越生線を走る8000系で、坂戸〜越生間の折り返し運用。写真手前の1両目と2両目の間ぐらいに枕木を加工したような木製柵が見られるが、線路に向かって土盛りされた部分があるので、おそらく昔は踏切として渡れたところかもしれない。踏切の廃止で柵がしてあるのだろう。
◎西大家〜川角
1984（昭和59）年4月14日
撮影：安田就視

坂戸〜越生間の越生線運用に就く7800系が単線を行く。沿線には菜の花が咲き春らしく、セイジクリームの7800系の塗色とよくマッチしている。写真当時の越生線は全線単線だったが、1987（昭和62）年に武州長瀬〜東毛呂間のみ複線化された。
◎西大家〜川角
1984（昭和59）年4月14日
撮影：安田就視

坂戸から南西に向けてのびる路線は西大家駅を過ぎると北西へ進路を変えてやがて高麗川を越える。釣り人の姿が見られる高麗川を渡る7800系が川面に写る。鉄橋を渡る音とともに7800系の懐かしい吊り掛け駆動の音が聞こえてきそうだ。
◎西大家～川角　1984（昭和59）年4月14日　撮影：安田就視

ロイヤルマルーンの帯を巻いたステンレス車体がギラリと光りながら高麗川を渡る。高麗川は、荒川水系入間川の支流越辺川
の支流だ。河川敷はススキや雑草が鬱蒼と生い茂っている。
◎西大家〜川角　2005（平成17）年11月19日　撮影：安田就視

宅地化が進んだ沿線を行く8000系。写真左側には雨水などの貯留槽らしきものが広がる。写真左奥に東毛呂駅の跨線橋が写る。
写真手前側は武州長瀬駅方面で、武州長瀬〜東毛呂間は越生線唯一の複線区間である。
◎東毛呂〜武州長瀬　1998（平成10）年12月28日　撮影：安田就視

越生線の前身、越生鉄道は1934（昭和9）年12月に旅客営業を開始した歴史を持つ。東武鉄道の路線になったのは戦中の1943（昭和18）年だった。写真は島式ホームの東武鉄道ホームに停車する7800系の越生線電車。隣の八高線は現在も非電化（高麗川駅までは電化）で東武鉄道の電車とのミスマッチが見られる。◎越生　1983（昭和58）年　撮影：荻原二郎

東武東上線の島式ホームに並ぶ坂戸〜越生間折り返し運用の8000系。手前は八高線ホームで、当時の八高線ホームは島式ホーム1面2線だった。現在は1線が撤去され単式ホーム1面1線の構造に。写真右側に「のりかえ 越生線方面」とある。◎越生　1992（平成4）年9月27日　撮影：安田就視

東武東上線、越生線の時刻表

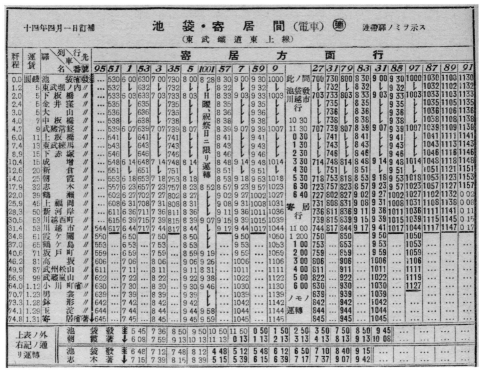

東武鉄道東上線（昭和14年4月訂補）

越生鉄道（昭和14年4月改正）

東武鉄道東上線と越生線（昭和37年5月10日現在）

昭和14年4月訂補の東上線時刻表。下板橋〜大山間にあった金井窪駅の駅名が載る。新倉は現在の和光市駅で当時は通過マークが目立つ。川越市駅が運行上の区切りだったことがわかる。川越西町は現在の川越駅。川越線開業と同時に川越駅へ改称したのが翌年で、川越西町駅時代は乗換駅ではないのに、川越市駅を通過して川越西町駅に停車する電車がある。2段目は越生鉄道時代の時刻表。一本松〜西大家間の大家駅は後に廃止された。昭和37年の時刻表を見ると、池袋〜寄居間の全線通し運転が懐かしい。

2章
モノクロフィルムで記録された
東武東上線

幅が広いゆったりした相対式ホームが2面。池袋行が吊り掛け駆動を唸らせながら上りプラットホームを発車。手前は下りプラットホーム。ホームの上屋が当時は短く、空が近い。◎東武練馬 1971（昭和46）年 撮影：荻原二郎

池袋、北池袋

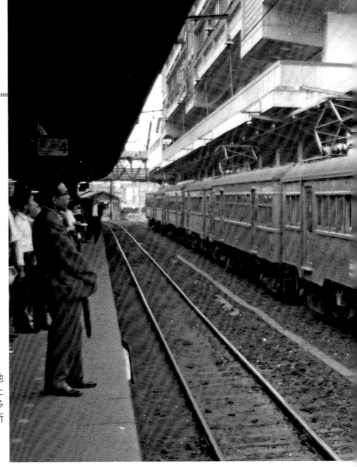

3200系モハ3210形。時代とともに変化しつつある池袋駅にあって、ミスマッチ的な古風な姿を見せていた戦前期からの「東武形車両」たち。当時はまだまだ多くの車両が運用されていたが、やがて3000系へ更新されて姿を消して行くことになった。
◎池袋　1964（昭和39）年6月14日
撮影：荻原二郎

クハ230形クハ231。元は客車だが、将来の電車化を見越して設計された客車で、スタイルや台車は電車風で、すぐに電車化できる仕様であった。1927（昭和2）年に客車から電車化され、デハ3形、クハ2形となった。1951（昭和26）年の大改番でクハ2形がクハ230形に。写真は客用扉下にあったステップを取りやめた後の姿。制御車として3200系とペアを組み、3200系の3000系への車体更新の中で、クハ230形も3000系へ車体更新された。◎池袋　1960（昭和35）年2月3日　撮影：荻原二郎

元は東武堀之内駅として開業。終戦後に廃止となるが、1951（昭和26）年に北池袋駅として開業した。駅頭には「新春の伊勢奈良京都めぐり関西観光の旅」会員募集の立て看板が立ち、会費22000円とある。
◎北池袋　1966（昭和41）年12月30日　撮影：荻原二郎

客車からの電車化によって、デハ3形デハ16になって11年ほどの頃の姿。1927（昭和2）年に客車のホハ11形ホハ56から電車化され、デハ3形デハ16になった。側面窓下には池袋－志木間のサボが掛かるが、右書きになっているのが時代を感じさせる。
◎池袋　1938（昭和13）年
撮影：荻原二郎

終戦後にロクサン電車こと63系電車の割り当てを運輸省から受けた東武鉄道。導入当初は6300系だったが、国鉄が63系から73系へ改称したのにあわせて、1952（昭和27）年に7300系とした。側面窓は三段窓から二段窓へ改良して運行していた。
◎池袋　1958（昭和33）年

モハ3200形モハ3200に小川町への行先表示板と準急の種別表示板が付く。このモハ3200は戦災などに見舞われなかったうちの1両。手前には「横断するな　あぶない　DANGER」と記された注意喚起板が立つ。
◎池袋　1955（昭和30）年4月
撮影：竹中泰彦

終戦後、運輸省割り当ての63系（後の7300系）を導入して20m級4扉車を初運用した東武鉄道は、その後、63系の基本設計を元にした東武オリジナルの20m級4扉車を発注し、1953（昭和28）年から製造を開始した。登場当初はモハ7330形（モハ7330形＋クハ330形）という形式であったが、写真を見るとモハ7802とあり、モハ7800形への形式変更後。当時の車体色は茶色だった。
◎池袋
1954（昭和29）年12月
撮影：竹中泰彦

特急と入った立派なヘッドマークを掲げた行楽特急「たまよど」。青い車体カラーに黄色帯の「フライング東上」塗色のモハ5310形。クロスシートを配した2扉車はスマートで、当時としてはすでに古めかしいスタイルだったが、行楽臨時列車で活用されていた。写真のプラットホーム側を見ると、暗くてわかりにくいが、結構な数の乗客が並んでいる様子が見える。
◎池袋　1964（昭和39）年
撮影：荻原二郎

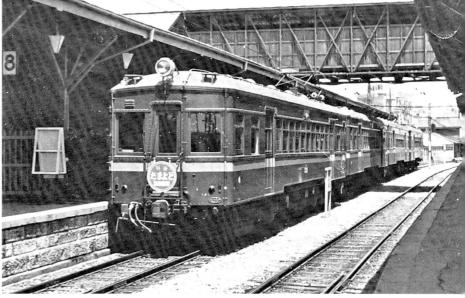

1965（昭和40）年当時の池袋駅界隈。旧塗色時代の8000系が颯爽と走る。右奥には東武百貨店のマークと東武百貨店が写る。8000系の前面の左側には当時出店していた百貨店の東京丸物が写っている。1957（昭和32）年に池袋へ出店した丸物だったが苦戦し、1969（昭和44）年に閉店してしまった。
◎池袋　1965（昭和40）年

撮影が行われた1962（昭和37）年に開店した東武百貨店池袋店（写真中央右）。その写真左が東横百貨店池袋店で、後に同池袋店は東武百貨店池袋店別館となった。駅構内を跨ぎ、駅の東側に西武百貨店、左に写る百貨店は東京丸物。東京丸物閉店後はパルコになる。写真下に写るのは、東京学芸大学附属豊島小学校で、1964（昭和39）年に閉校し、後身は同大学附属小金井小学校である。
◎1962（昭和37）年12月29日
撮影：朝日新聞社

下板橋

北口にある駅舎。豊島区と板橋区の境界付近に駅があり、駅の所在地は豊島区。旧駅があった場所は留置線になっており、ここは板橋区である。1935（昭和10）年に駅を移設し、板橋区から豊島区へ駅所在地が変わった。
◎下板橋
1967（昭和42）年2月19日
撮影：荻原二郎

基本的に写真の前後の時代と構造的にはさほど変わらない北口だが、現在の駅舎は改修が加えられ、通風口の位置が若干変わっている。東武練馬駅とよく似た構造で、縦型の駅舎を通ってプラットホームへ上がる構造だ。
◎下板橋　1980年代　撮影：山田虎雄

豊島区池袋本町4丁目に位置している下板橋駅は、かつて西側の板橋区内に置かれており、駅名の由来となってきた。1935（昭和10）年に移転した駅舎は、1945（昭和20）年の東京大空襲で焼失した。これは戦災から復興した駅舎と踏切の姿である。
◎下板橋　1954（昭和29）年　提供：板橋区公文書館

モハ7800形とペアを組むクハ800形のクハ804。茶色一色の時代。7800系登場の頃は茶色一色塗りであった。写真には下板橋駅のカーブが続くプラットホームも写る。駅周辺に高い建物が写っておらず、駅周辺の景色も現在とは随分異なる。
◎下板橋
1960（昭和35）年2月3日
撮影：荻原二郎

ED5010形ED5011牽引のセメント列車。ED5010形は1957（昭和32）年から製造され、量産増備が続いた。写真のED5011はED5010形のトップナンバー機で前期型。写真当時は前照灯が1灯の時代で、シールドビーム2灯への改造前の姿。坂戸機関区に配置され、後年に杉戸機関区へ転属した。貨物輸送の活況期などを経て活躍してきたED5010形であったが、貨物輸送の減少に伴いED5011は1984（昭和59）年に廃車となった。
◎下板橋　1960（昭和35）年
撮影：荻原二郎

7800系の池袋〜川越市間準急。7800系は東武初の自社発注20m級4扉車。写真はモハ7820形とペアを組むクハ820形のクハ845。製造からまだ歳月があまり経過していない頃と思われる。ロイヤルベージュとオレンジの塗色は、東武の通勤形車両の標準色だった。
◎下板橋
1960（昭和35）年2月3日
撮影：荻原二郎

大山

大山は相模国の大山へ詣でる「大山詣り」の参詣者が行き交った大山街道の沿道にあたる。写真当時の駅は踏切に挟まれた駅だった。写真は南口の昔日。駅には横長の看板があり、板橋専門店会とある。現在はハッピーロード大山商店街のアーケードが南口に直結している。◎大山　1953（昭和28）年10月24日　提供：板橋区公文書館

大勢の人で賑わいを見せている大山駅の出札口、改札口付近の風景である。まだ自動券売機が設置される前であり、乗車券（切符）は1枚1枚、駅員が手売りしていた。「大山　OYAMA」の駅名看板（表示板）が透明で、風景が透けて見えるのがおしゃれに見える。◎大山　1967（昭和42）年2月19日　撮影：荻原二郎

現在の大山駅の南北にはハッピーロード大山（南口）、遊座大山商店街（北口）という２つの賑やかな商店街が存在している。「大山」という駅名は、この付近を通る大山街道（富士街道）に由来するともいわれるほか、付近にあった広い丘（大山）に由来するという説もある。
◎大山駅付近
1954（昭和29）年
提供：板橋区公文書館

大山には大山銀座商店街、大山銀座美観街と呼ばれる２つの商店街が存在していたが、1978（昭和53）年にアーケードでつながれる形となり、現在のハッピーロード大山商店街に発展した。約半世紀前のこの駅前風景でも、商店街が存在をアピールしていた。
◎大山　1971（昭和46）年
提供：板橋区公文書館

大山駅は相対式ホーム２面２線を有しており、北口は下板橋側、南口は中板橋側に置かれている。また、下りホームの中央部分には東口（臨時口）が存在する。写真は北口改札口付近の風景で、既にかなり大きなマンションが駅前に姿を現わしていた。
◎大山
1970（昭和45）年６月25日
提供：板橋区公文書館

南口の通りを入れて写した駅南口の写真。写真右側にデパートと記された2階建ての店が写り、存在感を放っている。縦型の看板の上には「インフレに逆行 値下断行 出血販売」とあり、庶民的な商店街の良さを感じさせる。
◎大山　1955（昭和30）年
撮影：荻原二郎

大山駅の北口改札前の風景で、「日動火災海上」の大きな看板が見えている。この大山駅は北口、南口ともに駅前の空間が狭いため、駅前にバス乗り場は存在せず、バス停はかなり離れた西側に2つあって、それぞれ国際興業の路線バスが発着している。
◎大山
1967（昭和42）年2月19日
撮影：荻原二郎

この空撮写真では、大山駅のホームが大きくカーブしている様子がうかがえる。東武東上線では、この大山駅を中心とする約1.6kmの区間について、東京都を中心とした連続立体交差事業が2021（令和3）年に開始されており、2030（令和12）年頃の完成を目指している。
◎大山駅周辺　撮影年月日不詳
提供：板橋区公文書館

中板橋

写真は南口。この駅舎は現在も使用されている。商店街は駅東側に位置し、北口が最寄りである。駅付近に石神井川が流れる。
下板橋宿や上板橋宿はあったが、中板橋宿はなく、駅名は従来の地域名からではなく、その中間という意味合いから中板橋駅と
された。◎中板橋　1963（昭和38）年6月25日　提供：板橋区公文書館

右手に家具センターの店舗が見える中板橋駅の北口駅前で、左側にホームとの間を結ぶ跨線橋が架けられている。この頃の中
板橋駅には、北口、南口ともアルファベットを併記した白い文字が際立つ透明の駅名看板（表示板）が掛けられていた。
◎中板橋　1967（昭和42）年2月19日　撮影：荻原二郎

島式ホーム2面4線を有する中板橋駅付近の空撮写真で、池袋側の踏切が見える。奥には石神井川が流れているが、この写真では見えない。中央手前には、それぞれが大きな看板を掲げる店舗が並んだ店街が横に続いているが、まだビルの姿がない頃の風景となっている。◎中板橋駅周辺　昭和戦後期　提供：板橋区公文書館

池袋〜越生線直通の蝶番型表示を付けた7800系準急。ベージュとオレンジの標準色で、サハを組み込んだ4両編成。当時は4両編成が池袋起点寄りの区間でも運行しており、のんびりした雰囲気を感じる。
◎中板橋　1967（昭和42）年2月19日　撮影：荻原二郎

ときわ台

東武鉄道が開発した「常盤台住宅地」の駅として、1935（昭和10）年に武蔵常盤駅の名で開業。1951（昭和26）年にときわ台へ駅名改称した。写真は北口と駅舎。戦前からの洋風駅舎が建ち、現在の駅舎もこの面影を残している。
◎ときわ台　1968（昭和43）年　提供：板橋区公文書館

ときわ台駅前のバス停にいる国際興業の路線バスの前を夏服の人々が歩いている。奥に見える梅屋薬局は現在、梅屋ビルに変わり、くすりのダイイチ薬局常盤台店になっている。お隣の文房具店、果実店も別の飲食チェーン店となっている。
◎ときわ台　1963（昭和38）年頃　提供：板橋区公文書館

1935（昭和10）年、武蔵常盤駅を開業。翌年（1936年）から、駅の北側で常盤台住宅地の分譲を開始した。それまで、この地区
は上板橋町1・2丁目だったが、1938（昭和13）年に常盤台1・2丁目という住居表示に変わった。
◎ときわ台駅周辺　戦後　提供：板橋区公文書館

ときわ台駅の北口にはロータリー、埼玉銀行の常盤台支店があった。埼玉銀行は1991（平成3）年に協和銀行と合併して、協和
埼玉銀行となり、現在はりそな銀行に変わっている。この北口側には三井住友銀行のときわ台支店も存在している。
◎ときわ台駅北口　1963（昭和38）年11月22日　提供：板橋区公文書館

上板橋

英国シャープ・スチュアート製の東武鉄道Ｂ４形や転車台、給水塔、給炭台が写る。当時は、上板橋駅の北部信号所と駐留米軍の上級士官用住宅地「グラントハイツ」とを結ぶ啓志線が分岐した。陸軍の専用線を接収した米軍はグラントハイツ建設に向けて路線を延長し、建設資材を運搬。士官などの移動に旅客輸送も行ったと伝わる。写真当時はグラントハイツの暖房用火力工場への石油や石炭の輸送なども行っていたらしい。東武鉄道はそれらの運行を委託されていた。
◎上板橋　1955（昭和30）年４月
撮影：竹中泰彦

6300系から改称した7300系。運輸省割り当ての63系電車から当初は6300系と称したが国鉄が桜木町事故後に73系へ改称し、1952（昭和27）年に東武も6300系から7300系にした。東武初の20ｍ級４扉車の導入で輸送力が増し、戦後復興の鉄道を支え続けた。◎上板橋　1955（昭和30）年４月　撮影：竹中泰彦

モハユ3290。ユ、つまり郵便輸送である。車両左方、郵便室扉付近に「郵〒便」の誇らしい表示が見られる。私鉄の郵便輸送は少なく、東武、南海、近江といった老舗私鉄の例がある。モハニからの改造車で、大改番の翌年にあたる1952(昭和27)年に郵便合造車になった。◎上板橋　1950年代

東武練馬

かつての東武練馬駅の南口。通りギリギリにビルが建つ今日とは異なり、駅前にいくらかのスペースがあり、のんびりした雰囲気が感じられる。
◎東武練馬
1971（昭和46）年2月6日
撮影：荻原二郎

北口（写真左）と踏切を渡った南口の様子。北口は現在も同様な雰囲気だが、南口に写る駅舎は現存せず、テナントビルが建ち、その後「エキア東武練馬」へリニューアルした。駅名は、駅開業時に当時の北豊島郡練馬町が近接していたことから、所在地の地名ではなく練馬を採り入れ、東武練馬になった。
◎東武練馬　1970（昭和45）年
提供：板橋区公文書館

1931（昭和6）年に開業した東武練馬駅は、相対式ホーム2面2線を有する地上駅。現在も駅に隣接する形で、西側に踏切が存在しており、商店街に続いている。現在、この奥にはイオン板橋ショッピングセンターが存在している。
◎東武練馬
1970（昭和45）年11月17日
提供：板橋区公文書館

東武練馬駅南口の改札口付近の風景である。この駅は練馬区と板橋区の境界に置かれており、これは練馬区側になる。駅員が腰かけているような改札口、オート三輪、木製の公衆電話ボックスなど、いずれもレトロ感漂う昭和らしい風景である。
◎東武練馬　1956（昭和31）年　提供：練馬区

東武東上線の線路沿いにも、多くの農地が残っていた頃の東武練馬駅付近の風景。奥には武蔵野の田園地帯の景色が広がっている。東武練馬駅の所在地は板橋区徳丸2丁目で、板橋区と練馬区の区境に置かれている。南側は練馬区北町2丁目となっている。◎東武練馬駅周辺　1955（昭和30）年頃　提供：板橋区公文書館

「火の用心」と書かれた文字の布？が見える東武練馬駅の南口駅前附近の風景。雑貨店の前を女子生徒が歩いている。反対側の久我精肉店の前から奥に続く「質アデ川」の看板が見える有限会社アデ川質店は、お隣の上板橋駅付近（常盤台４丁目）にある。
◎東武練馬駅前
1956（昭和31）年
提供：練馬区

東武練馬駅の西側にある東上線の踏切附近、手前（南側）が練馬区で、奥（北側）が板橋区となっている。「森永ドロップ」の大きな看板が見える菓子店付近は、北口のすぐ目の前であり、駅の住所と同じ板橋区徳丸２丁目となっている。
◎東武練馬
1956（昭和31）年
提供：練馬区

2000（平成12）年、東武練馬駅に近い大木伸銅工業徳丸工場の跡地に誕生した大型ショッピングセンター「板橋サティ」。2011（平成23）年に「イオン板橋店」に改称することになる。５階にあったシネコンは現在、イオンシネマ板橋の名称になっている。
◎東武練馬
2006（平成18）年９月22日
提供：板橋区公文書館

下赤塚

駅の南側に位置した旧駅舎。下赤塚駅は1930（昭和5）年に開業。駅開業当時は東京市編入前の北豊島郡で板橋区ではまだ無かった。写真からはその当時の雰囲気が感じられる。
◎下赤塚　1955（昭和30）年　提供：板橋区公文書館

相対式ホーム2面2線を有する下赤塚駅のホーム周辺の風景である。南口側に見える三菱銀行、東海銀行の支店は統合によって、現在は三菱UFJ銀行の下赤塚銀行に変わっている。この奥（南側）に国道254号が通り、現在は東京地下鉄有楽町・副都心線の赤塚駅が存在する。◎下赤塚　1970年代　提供：板橋区公文書館

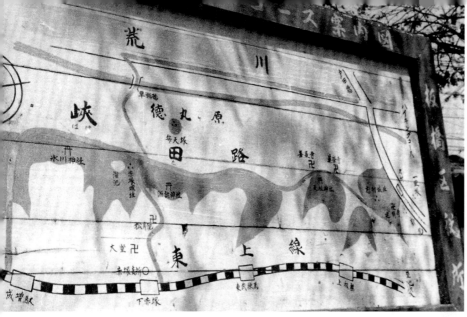

板橋区役所が下赤塚駅前に設置した、地元のハイキングコースを示す観光案内板である。徳丸ヶ原の南側にある氷川神社、赤塚神社、諏訪神社、天祖神社、志村城址などを巡る「峡田（はけた）路」が表示されている。
◎下赤塚駅前
1954（昭和29）年
提供：板橋区公文書館

昔日の下赤塚駅南口の駅舎。東武興業が近年まで経営していた「東武興業安全タクシー」が写真に写り、丹頂型の電話ボックスが右側に写る。南口駅舎は1971（昭和46）年に改築。駅舎上にテナントやマンションを備えた駅ビルになり、現在はマンションのリノベーションやテナントの改装が施されている。
◎下赤塚　1968（昭和43）年
撮影：荻原二郎

文京信用金庫、東海銀行の広告看板が見える下赤塚駅の駅前、踏切付近の風景である。狭い構内には既に自動券売機が設置されていた。この後、東京のベッドタウンが広がってゆき、この下赤塚駅周辺も開発されて、駅と周辺の風景も大きく変わっている。
◎下赤塚　1971（昭和46）年
撮影：荻原二郎

成増

練馬区の成増といえば、「成増」というタイトルのアルバムを出しているお笑いコンビ・歌手、とんねるずの石橋貴明の出身地。石橋は1961（昭和36）年生まれで、小学1年生のときに成増にやってきたから、子供の頃にはこんな駅前の風景を見ていたことだろう。◎成増　1971（昭和46）年　提供：板橋区公文書館

路線バス、タクシーがぎっしりと並んでいる成増駅南口の風景。この南口側には、駅前にスキップ村やすずらん通り商店街など歴史のある商店街が存在し、早くから開けていた。1957（昭和32）年にはショッピングビル「成増名店街」が誕生し、後にダイエー成増店に変わった。南口と北口とは高低差があり、写真のロータリーは駅構内よりもかなり高い地形にある。
◎成増　1965（昭和40）年頃　提供：板橋区公文書館

東武鉄道Ｂ４形40号機が牽引する貨物列車。明治生まれの蒸気機関車で、1898（明治31）年英国シャープ・スチュアート製。旧日本鉄道が輸入し、日本鉄道の国有化後に5650形5655号機となった。1922（大正11）年に東武鉄道へ譲渡され、1966（昭和41）年まで貨物列車の牽引を担った。
◎成増　1954（昭和29）年9月
撮影：竹中泰彦

1954（昭和29）年当時の成増駅のプラットホームが写る。奥に写る架線柱に川越市、小川町、寄居方面ゆきと記された案内板があり、下部には英文字での案内も見られる。停車するモハ7800形の行先板の下部にも英文字案内が記され、戦後日本の記録写真でもある。
◎成増
1954（昭和29）年2月23日
撮影：竹中泰彦

クハ230の急行川越市行。元々は、電車化改造を想定した客車として登場。設計された頃の東武鉄道では多くの蒸気機関車牽引列車が運行されていた。しかし、電化が進んでいた頃で、客車の時代は短く、1927（昭和2）年に電車化してクハ2形となり、後の大改番によってクハ230形クハ230になった。
◎成増　1958（昭和33）年
撮影：青木栄一

成増駅は1914（大正3）年、東上鉄道（現・東武東上線）の駅として誕生。この後、1983（昭和58）年には、少し離れた南側に営団地下鉄（現・東京地下鉄）の営団成増（現・地下鉄成増）駅が開業することになる。この頃、南口駅前には緑屋、マルイの店舗があった。◎成増　1975（昭和50）年3月23日　提供：板橋区公文書館

南口駅前にある狭いロータリーの周りには、多くのタクシーが停車している。奥に見える三井銀行成増支店は現在、三井住友銀行の成増支店に変わっている。手前には、お面やおもちゃなどを売るレトロな露店が営業していた。
◎成増駅前　1975（昭和50）年　提供：板橋区公文書館

成増駅の南口で行われていた地元の女性たちによる清掃活動の風景。「吸がら・紙くずを捨てない　路上に商品や車をおかない　一千万人の手で東京をきれいに」というスローガンが書かれた、大きな旗が立てられている。
◎成増　1965（昭和40）年　提供：板橋区公文書館

ホームが見える成増駅付近の風景。歩道橋の奥に見える緑屋は、戦後に誕生した月賦制の小売店で、東日本各地に多数の店舗を構えていた。成増店は1970（昭和45）年に開店し、1991（平成3）年に閉店した。現在は成増プライムとなっている。
◎成増　1971（昭和46）年　提供：板橋区公文書館

1983（昭和58）年、営団地下鉄（現・東京メトロ）有楽町線の池袋〜営団成増（現・地下鉄成増）間の開業により誕生した営団成増駅。同年6月24日に実施された開業記念式典では、新富町駅行きの列車を前にして、テープカットなどのセレモニーが行われた。現在は地下鉄副都心線の開業により、東武鉄道、東急電鉄、横浜高速鉄道、西武鉄道の車両も乗り入れる。
◎1983（昭和58）年6月24日　提供：板橋区公文書館

1983（昭和58）年6月24日に営団地下鉄有楽町線営団成増〜池袋間が開業。川越街道こと国道254号の地下に営団有楽町線が建設され、営団成増駅も国道254号の地下に設置された。営団地下鉄の民営化で現在は地下鉄成増駅に。東上線成増駅と近く、両駅で利用客数を分け合っている。◎営団成増（現・地下鉄成増）　1983（昭和58）年6月　撮影：山田虎雄

『板橋区史』に登場する東武東上線 (区史より抜粋)

東上鉄道株式会社の創設

明治36年12月23日、東上鉄道株式会社の創立申請が提出された。東上鉄道の路線は、小石川区下富坂町を起点とし、巣鴨村（池袋駅）で日本鉄道に連絡、それから上板橋村を経て白子村・大和田町を通過し、川越町で川越鉄道と連絡、さらに松山町を通り花園村で上武鉄道に連絡、児玉町から藤岡町を経て高崎市で高崎線に連絡し、そこから渋川町にいたるというものであった。

この路線は、上州や秩父の生糸や織物、木材や薪炭、それにお茶や藍などの東京への輸送ルートとして期待されるとともに、近郊の白子や膝折からは水車による蕎麦粉や小麦粉、銅線など、さらに東京周辺の板橋や練馬などの近郊からは野菜や沢庵・干大根などの出荷ルートと位置づけられている。そこでは、これらの地域の物産の輸送だけでなく、都市近郊の名所・旧跡をめぐる旅客の増大も期待されていた。景勝地としては、志村城跡や赤塚村の松月院、豊島城跡や三宝寺池などがあげられている。

明治36年に最初に申請をおこなったときの発起人惣代は千家尊賀で、東上鉄道株式会社の創立事務所は京橋区山城町の千家宅に設置された。千家は、申請時における東京府知事千家尊福の弟として、交渉役を期待されていた。この鉄道計画の中心は志村の内田三左衛門であった。

発起人には、沿線の板橋や練馬、そして埼玉県の町村の有力者が名をつらねた。会社創立の資金は莫大な金額であるため、発起人の出入りもはげしく、名前が消えたり追加されたりしている。ちなみに千家尊賀以下13名が最初からのメンバーで、榎本以下8名と高野以下13名はそれぞれ後からくわわった者たちである。

発起人の財産調査をみると、最初のメンバーで相当の信用があるとされたのは2名にすぎず、追加されたメンバーには14名もの「信用の厚い」者がいる。発起人の地域的な範囲も赤塚村や上練馬村に拡大している。とくに上練馬村の上野伝五右衛門は、内田三左衛門にかわって、のちに東上鉄道の中心となっていく人物である。

明治38年12月には、市内における交通機関の発達と地価の高騰を理由に、起点を小石川から巣鴨町にした東上鉄道の路線の一部変更申請が提出された。鉄道敷設費用の増大に対処するため、路線を短縮してその不足分を補填しようとしたことによる。こうして東上鉄道は、同年に巣鴨・渋川間の路線として出願されたものの、免許取得までには多くの紆余曲折を経なければならなかった。

明治39年12月、発起人総代に上練馬村の上野伝五右衛門が就任し、創立事務所も京橋区南佐柄木町に移転された。これは千家が発起人を抜けたことによる措置と思われる。創立事務所は、その後、東上鉄道調査主任である弓削長左衛門宅に、ついで弓削の除名によりさらに神田須田町に移転した。待望の東上鉄道の仮免許が交付されるのは、明治41年10月のことで、ここに東上鉄道は本免許の獲得申請へむけ本格的な活動を展開していく。

明治43年4月、東上鉄道創立事務所は本所区横網町の東武鉄道に移転する。この移転は、東上鉄道の路線のうち飯塚・渋川間が、東武鉄道の申請していた館林・渋川間と競合していたがため、東武鉄道との一体化により資本金を強化し、本免許の取得をめざさんとしたことによる。発起人の出入りは、仮免許の交付以後に数が増えたとはいえ、当初からの発起人の辞退と新たな追加によるものである。とくに同年5月から8月にかけて、当初の発起人の間から引受け株数の減少や辞退が相ついでおり、発起人の構成が大きく変化していく。

東武鉄道の根津嘉一郎は、このように発起人が出入りするなかで、東上鉄道の一切を取りしきる代理人となり、8月に上野伝五右衛門に替って発起人総代となる。新たな発起人には、終点である群馬県渋川町や藤岡町の住民が多く参加したのみならず、沿線とは直接関係のない投資家が増えている。根津の参加は、事業への期待を高めたのであった。いわば板橋や練馬など東京近郊の有力者によって計画された東上鉄道は、東武鉄道の根津の指導下、終点である群馬県側の参加もあって、ようやく実現にこぎつけることができたのである。

かくして東上鉄道は、明治44年11月、起点を巣鴨町から大塚辻町に変更して本免許の申請をおこなった。14日には、東武鉄道において創立総会が開かれ、東上鉄道株式会社が正式に発足した。内田三左衛門にかわって発起人総代をつとめた上野伝五右衛門は、根津嘉一郎とともに取締役のひとりに選出された。社長には根津が就任するが、東武鉄道からはほかの2名の役員が取締役となった。本免許は大正元（1912）年11月16日付で交付されたのである。

市内交通網の整備と東上線の開通

東京の鉄道事情は、東上鉄道の敷設計画から本免許の交付までのあいだに大きく変化していた。明治36年4月、日本鉄道の池袋・田端間が開業し、池袋・大塚・巣鴨に停車場が設置された。現在の山手線の誕生である。東京市内では、電気軌道の

敷設による交通網の整備がすすめられた。明治36年の品川・新橋間の東京電車鉄道の開業を皮切りに、市内に路面電車が相ついで開業した。これらの市内電気鉄道は、合併を経て明治44年に東京市電となった。

板橋方面にも、明治44年8月には王子電気軌道が大塚・巣鴨間を開業するなど、電気軌道の敷設がすすめられた。これらの電気軌道は、それまでの鉄道が主として長距離の物資輸送を目的としていたのにたいして、近距離の人の移動を可能にする交通網の整備であった。さらに電気軌道の敷設は、沿線の地域を中心とする電気供給事業をも開始させ、大正後半期には蒸気鉄道の電化によるスピード化をうながすなど、大きな影響をあたえていく。

このような交通網の整備に対応し、東上鉄道も下板橋駅から池袋駅までの軽便鉄道を申請し、大正元年に認可された。山手線の開通で池袋駅ができたことにより、東上鉄道の起点が池袋に変更されたことによる。さらに東上鉄道は、大正2年10月に金井窪・千住間の軽便鉄道の敷設を申請した。この路線は東上鉄道から東武鉄道および常磐線への連絡を目的とするものであったが、千住町の反対により許可されなかった。

ここに東上鉄道は、下板橋を起点に、川越方面と池袋方面の工事にとりかかり、大正3年5月1日に池袋・田面沢間が開業した。板橋区内には、下板橋駅と成増駅、すこし遅れて6月17日に上板橋駅が開設された。東上鉄道の開業の翌年には、同じく池袋を起点とする武蔵野軽便鉄道（現在の西武鉄道池袋線）も開業し、池袋が市内へのターミナルとして発展していく契機となった。

（中略）

東上線の展開

大正3年5月に池袋・田面沢間が開業した東上鉄道は、同5年には川越町から坂戸町へと路線を変更して開業した。東上鉄道の経営は、旅客収入と貨物収入の割合が6対4で、開業当初には利益もまずまずであったが、第1次世界大戦による諸物価高騰でしだいに営業費が純益を圧迫するようになっていた。

東上鉄道は、大正6年に坂戸町以北の工事延長申請をおこない、同9年5月までの延期を認可されたものの、大戦後の不況下、同年6月に東武鉄道に吸収合併となり、小石川・下板橋間の免許も失効する。それでも大正12年10月には坂戸・松山間、そして翌月には松山・小川間が開業したが、同13年5月には未着工の高崎までの路線のうち、寄居までが認可され、寄居から高崎までの免許は

失効した。小川・寄居間の開業は同14年7月である。東武鉄道は、高崎までの免許が失効した同じ日、西新井・上板橋間が認可され、東武鉄道の本線である伊勢崎線への連絡をはかっていくこととなる。しかし、この路線は用地買収が進展せず、昭和6（1931）年12月に大師前まで開通したものの、そこから先の上板橋までの区間は同7年7月に断念された。

東上線は、開業時の大正3年の下板橋駅の乗降客が2000人程度で、収入も2000円で、「営業開始の当初は旅客貨物共に寥々として、殆んど数ふるに過ぎざりし」（『板橋町誌』）という状態であった。その後の旅客収入の推移は、板橋区域の人口の増加に対応しているといえよう。

池袋・寄居間となった東上線は、大正後期に顕著となる大量輸送と高速化に対応すべく電化と複線化が急務の課題となった。それは東上線だけの問題ではなく、都市化の拡大に対応する時代の要請でもあった。とくに電化の実現は、沿線の宅地開発や電気供給などの鉄道事業の拡大にとっても重要な問題であった。ここに東武鉄道の電化は伊勢崎線から着手され、大正13年10月に浅草（現在の業平橋）・西新井間が電化された。伊勢崎線の電化により、東上線沿線の電化をもとめる運動もおこったが、用地の確保問題もありすぐには実現しなかった。東上線の電化は昭和4年で、10月に池袋・川越間、さらに12月に寄居までの全線が電化された（『東武鉄道百年史』）。

東上線の電化は、競合関係にある西武鉄道（西武新宿線）との競争でもあった。西武鉄道は、国分寺・川越間（川越線）を運行していた川越鉄道が前身で、のちに川越電気鉄道（大宮・川越間、大宮線）と西武軌道（新宿・荻窪間、新宿線）を合併する。昭和2年4月には、高田馬場・東村山間を開業させた。当時の西武鉄道高田馬場・川越間の所要時間は1時間5分、東上線川越・池袋間は1時間2分であったという。東上線が電化されると池袋までは40分に短縮され、運転間隔も3～40分となる。そのため西武鉄道では、急行電車を運行して高田馬場までを45分程度に短縮することで対抗したのである（『東京日日新聞』埼玉版、昭和4年5月8日）。

東上線は、昭和10年3月に池袋・上板橋間が複線化され、同年12月に成増、昭和12年5月に志木までが複線化されることになる。

まさに現板橋区域は、帝都近郊の農村が新しい宅地開発の場となるなかで、郊外電車の開通によって時とともに変貌していくこととなる。

和光市

50年ほど前の和光市駅の旧駅舎。駅名は新倉から大和町となり、1970（昭和45）年の大和町市制施行で和光市が誕生し、同年12月に駅名を改称した。駅名改称は市制施行より少し遅かった。現在は半高架式の高架駅である。
◎和光市　1971（昭和46）年2月6日　撮影：荻原二郎

南口の出入口。改札口からは階段を上って屋外へ出る。写真のような南口はついこの間までそうであった。しかし、南口周辺の発展から比べれば物足りないような玄関口だったが、2020（令和2）年に商業施設とホテルを備えた駅ビルが誕生して様子が一変した。◎和光市　1990年代　撮影：山田虎雄

大和町から和光市へ駅名改称することを告げる東武鉄道の案内。師走の12月20日に駅名改称した。
◎和光市　1970（昭和45）年12月6日　撮影：荻原二郎

和光市駅は1934（昭和9）年2月、にいくら駅として開業。当時は新座郡新倉村に所在し、同年中に新倉駅と駅名を改称している。戦後の1951（昭和26）年に大和町駅とさらに改称した。
◎新倉（現・和光市）
1942（昭和17）年
提供：和光市

戦中の写真。1980年代初めまで使用の地上駅舎ともどこか似たような骨格の駅舎である。写真は、後の和光市となる大和町誕生前で、新倉村の新倉駅だった当時の駅写真。女子が多く写る記念写真のようだが、当時はまだ男性職員の徴兵が戦時下末期ほどは進んでいなかったようにも思われ、どういったシチュエーションだったのかは不明だが、後々は男性職員の徴兵でこの駅でも女子駅員が採用されたかもしれない。
◎新倉（現・和光市）
1942（昭和17）年
提供：和光市

大和町駅時代のホームと電車、その前を歩く人々が見える。現在は島式ホーム2面4線を有する和光市駅だが、この当時の大和町駅は島式1面2線の構造だった。コートを着ている女性、買い物かごをもつ女性の姿はいかにも昭和の姿である。
◎大和町（現・和光市）
1964（昭和39）年
提供：和光市

池袋〜川越市間の準急と島式ホーム1面時代の模様。乗客の服装から夏だとわかる。当時は大和町駅。この年（昭和45年）の暮れ12月に和光市駅へ改称する。プラットホーム右奥に写る吸い殻入れも今となっては懐かしい。
◎大和町（現・和光市）　1970（昭和45）年
提供：和光市

地上駅時代の和光市駅の風景で、ホームと駅舎を結ぶ跨線橋が2本存在していた。木製枕木で作った柵が写真手前などに並ぶ。
◎和光市　1981（昭和56）年　提供：和光市

1987（昭和62）年、営団地下鉄（現・東京メトロ）有楽町線の営団成増（現・地下鉄成増）が開業したことで、和光市駅の駅も大きく変化することとなる。半高架式の高架駅となり、南北双方に出入口が開設された。
◎和光市　1987（昭和62）年
提供：和光市

朝霞、朝霞台

地上駅舎時代の朝霞駅東口の駅前風景で、左側にのぞく細田硝子（ガラス）店は現在も朝霞市根岸台３丁目に店舗を構えている。朝霞駅の所在地は朝霞市本町２丁目で、線路の東側には仲町１、２丁目が南北に細長く続き、さらに東側が根岸台１～８丁目となっている。◎朝霞　1966（昭和41）年頃　提供：朝霞市

朝霞駅は1914（大正３）年に膝折駅として開業し、1932（昭和７）年に朝霞駅に駅名を改称している。東上線の複々線区間にあり、駅の構造は島式ホーム２面４線をもつ地上駅で、橋上駅舎を有している。現在は南口と東口（旧北口）が存在している。◎朝霞　1990（平成２）年頃　提供：朝霞市

朝霞台駅南口の階段附近の風景で、奥には武蔵野線の高架線が通っている。1974（昭和49）年に武蔵野線北朝霞駅との連絡駅として新設された朝霞台駅は、島式ホーム2面4線の地上駅だが、駅舎は少し高い位置にある半橋上駅なので、駅舎に行くには階段を上ることとなる。
◎朝霞台　1974（昭和49）年頃
提供：朝霞市

1973（昭和48）年に国鉄（現・JR）の武蔵野線が開通し、北朝霞駅が開業したことを受け、翌年（1974年）には南側を走る東武東上線に連絡駅となる朝霞台駅が開業している。北朝霞駅の構造は、島式ホーム1面2線をもつ高架駅である。
◎北朝霞　1973（昭和48）年
提供：朝霞市

朝霞駅南口に設置されている本田美奈子モニュメント。朝霞市で育った歌手の本田美奈子さんは、2005（平成17）年に38歳で亡くなった。御影石製のモニュメントのボタンを押すと、本田さんの歌声が流れる。
◎朝霞駅南口駅前広場
2008（平成20）年頃
提供：朝霞市

1987(昭和62)年当時の朝霞台駅北口の様子。右側に写る高架線は武蔵野線で、現在の同位置よりも当時のほうが高架線の構造物がよく見えている。現在は、駅舎前に大型のカーブ状の屋根（雨除け）があり、武蔵野線の北朝霞駅と共用している。
◎朝霞台　1987(昭和62)年9月26日　撮影：荻原二郎

東上線朝霞台駅開業の前年にあたる1973(昭和48)年に開業した国鉄武蔵野線の北朝霞駅。写真は開業当初の頃でシンプルな佇まいだった。東上線朝霞台駅が隣接して開業したことで、乗換駅として相互に発展。東上線朝霞台駅は隣駅の朝霞駅を凌ぐ駅へ成長した。◎北朝霞　1973(昭和48)年頃　撮影：山田虎雄

『朝霞市史』に登場する東武東上線 （市史より抜粋）

東上線の開通

　「東上鉄道株式会社創立趣意書」によれば鉄道敷設の仮免許の申請がされたのは明治36年12月23日で、計画路線は東京と北越の長岡市を結ぶものであった。当時東京から新潟への鉄道は、直江津を経由するものと岩越線の郡山・会津若松を経るものとがあったが、東上鉄道の路線は東京〜渋川間を第１期計画とし、それより長岡に到る路線を第２期計画とする全長187哩余（約300キロメートル）の縦貫鉄道であった。初め起点は巣鴨町（豊島区）であったが、東京市内へは後に延長することを計画しており、上板橋村・白子村・大和田町を経て川越に達するもので、川越街道に沿った線を予定していた。

　当初会社の資本金は600万円で、「敷設費用概算書」では土工費116万円余、軌道費127万円余、車輛費130万が高額な項目で、営業資金は30万円であった。また「営業収支概算書」によると、年間総収入は130万円余を予定しており、旅客収入79万4000円余、貨物収入50万8000円余を計上している。一方支出は55万円余を予定しており、差引75万円余が純益となる計算であった。

　しかし、会社が創立され仮免許の申請がなされたが、資金の調達が予定どおりにできず、発起人間の意思統一も不充分であったようである。そこで発起人の代表である千家尊賀は、東武鉄道会社社長の根津嘉一郎に明治43年に会社を譲り、改めて再建することになった。根津嘉一郎は自ら創立委員長となり、同44年11月14日創立総会が開かれ、資本金は450万円でここに東上鉄道株式会社が設立された。根津嘉一郎が社長になったこともあり、東武鉄道関係者多数が経営に参加し、新しい路線計画や経営方針のもとに鉄道建設が始められた。この時役員に就任した者で、地元県内からは取締役に加藤政之助、監査役に粕谷義三、星野仙蔵がいる（老川慶喜『埼玉の鉄道』）。

　東上鉄道は大正元（1912）年11月16日本免許の申請が許可され、いよいよ準備が本格化するが、第１期線の池袋〜田面沢（川越市）間が着工されたのは大正２年11月のことであった。路線は変更計画に従って川越街道を離れた東側を通ることになったため、市域では旧膝折宿を離れ岡地内を通り、停車場もそこに設置されることになった。写真は当時の工事のようすを示すもので、岡地内東円寺付近の台地を切通す難工事を写しだしている。こうして工事が進められ、待望の鉄道が開通したのは大正３年５月１日である。当時の新聞である埼玉新報は２日付で、「東上鉄道開通、待ちに待ちたる東上鉄道は愈作一日を以て開通したり。

　久しく交通機関に遠ざかり、漠として宛ら眠れるが如かりし沿道の各町村は、慈に始めて生気を醸成し」と報じている。

　開通後まもなくの時刻表にみられるように１日８本の列車が運行され、膝折駅から池袋までは35分、川越までは37分を要している。開通時の旅客運賃は２段階で並等と特等があり、並等は１哩当たり２銭、特等は並等の５割増しであった。池袋から膝折まで18銭、田面沢から膝折まで25銭で、全線通しで42銭であった。ちなみに明治45年の東京市内での「もりそば・かけそば」は３銭であり、大正２年の日雇労働者の１日平均賃金は59銭であった（週刊朝日編『値段の風俗史　明治・大正・昭和』）。

　大正３年の膝折駅の乗降客は１日平均乗車が90人、降車が56人で、隣の志木駅は乗車が159人、降車が121人、川越町駅は乗車180人、降車193人であった。膝折駅の貨物の発送は１日平均2.2トン、到着は10.8トンで、志木駅は発送4.4トン、到着10.6トンであった。運賃の収入は膝折駅が１日平均11円28銭、志木駅28円16銭、川越町駅は51円85銭であった（武藤伸「東武東上線の歴史」『板橋史談』）。

　東上鉄道は下板橋〜川越間が私設鉄道で、池袋〜下板橋間と川越〜田面沢間は軽便鉄道の扱いであった。池袋〜下板橋間は支線の形で、将来下板橋から小石川まで本線を延長する予定であった。開業にあたり蒸気機関車５輛を購入しており、３輛は鉄道省から、２輛は高野山鉄道から買入れた。客車は13輛、貨車は35輛を購入しているが、東武鉄道から当初機関車を借入れして運行している。明治36年の計画からは大分縮小されたものではあったが、膝折村にも初めて鉄道が開通し、市域が徐々に変貌していく端緒がつくられたのである（『東武鉄道六十五年史』）。

　なお、膝折停車場への県道の改修は鉄道開通より少し遅れたようで、大正４年１月７日に土地所有者と埼玉県との間で道路敷地売渡しが合意されている。道路敷地として畑９反５畝12歩、山林２反３畝27歩、宅地177坪が県に売渡されており、地主は村内字岡の田中新蔵氏外32名であった。売渡し価格は畑が１反当たり144円、山林が半分の72円、宅地は坪当たり84銭であった。道路の改修工事はその後行われたとみられるので、停車場開設よりかなり遅れたことになる（埼玉県行政文書大10）。

大正期の東上鉄道

　大正3(1914)年から8年までの東上線の運輸数量等を示した表によると、貨物量はあまり変化はないが旅客数は大正8年には倍増している。また、大正9年の各駅の乗降客数をみても、膝折駅では1日平均乗車124人、降車128人と大正3年に比して大幅に増加している。このような変化は、市域の産業の活発化もあるが、第1次世界大戦を契機とした東京の膨張と産業の変化に伴い、東京への通勤や商品取引等の増大がもたらしたものとみられる。

　大正中期の東上鉄道の大きな変化に、東武鉄道との合併がある。すでに東上鉄道会社は、明治44年の再建の段階で社長に東武鉄道の根津嘉一郎が就任し、同社の役員が多数兼務していたが、大正9年4月7日両会社間で合併の仮契約が結ばれ、同4月27日に両社が合併している。合併の理由はいくつかあげられるが、その1つに第1次大戦の影響で物価が騰貴し、東武・東上両社とも営業費が増加したことにある。そこで両社は合併し、経費を節減し、車輌の運用や諸設備の改善等を効率的に行おうとしたものである。合併時の東上鉄道の資本金は450万円であったが、合併に際して東上鉄道の株式20円が12円50銭の新株を割り当てられ、同年7月22日の東武鉄道臨時株主総会をもって手続きが完了している。ここに東上鉄道株式会社は消滅し、新たに東武鉄道東上線として運行されることになったのである(東武鉄道『第46回事業報告書』)。

　大正期の路線の延長や駅の新設をみると、すでに東上鉄道時代の大正4年4月1日に川越西町駅(現川越駅)が開設され、同5年2月川越町〜田面沢間は休止し、同年10月27日川越町〜坂戸町間が開通し、途中に的場駅(現霞ヶ関駅)が設けられている。池袋〜坂戸町間は40.6キロメートルで、所要時間は1時間27〜52分であった。東武東上線となった大正12年10月1日に坂戸町〜武州松山間が開通し、同年11月5日武州松山〜小川町間が開通している。途中駅としては、高坂・菅谷(現武蔵嵐山)が設けられている。大正14年7月10日には小川町〜寄居間が開通し、途中男衾・鉢形の駅が開かれている。池袋〜寄居間75.2キロメートルの開通によって、現秩父鉄道と連絡することとなったが、当初の計画である東京〜渋川間の寄居以北は免許が失効になったため、上州まで延長する計画は挫折することになってしまった(前掲『東武鉄道六十五年史』・「東武東上線の歴史」)。

　大正12年9月の関東大震災は東京市に大災害をもたらしたが、東上線の被害は軽微であった。だが、震災後の影響は東上線や沿線の地域にも顕われ、その1つが住宅地の東京郊外への進出であった。当時北足立郡新倉村外6町村連合会で、「安全別荘住宅地」の広告を出しているが、それには「地盤高台赤土ニテ風景好良樹木沢山有リ……無震害地ハ当区域ヨリ外ニハ有リマセン」「府下池袋ヨリ、汽車膝折駅三十分」と宣伝している(和光市史編さん室所蔵)。

　大正14年の寄居まで開通した当時の膝折駅発車本数は13本に増加しているが、同15年度の各駅の運輸成績表によると、膝折駅でも乗車・降車とも増加しており、貨物の到着トン数も大幅に増え、1日当たりの運賃収入も相当増加している。今日から見ると微々たる増加であるが、東京郊外鉄道としての変化が徐々に見えてきた証左となろう。

志木

寄居行の行先表示板と準急の種別表示板を掲げた3200系のモハ3210形。下降窓が並び、屋根には椀型をした通風器が見られる。志木駅は運行上重要な駅で、当時の写真を見ても線路が何本も並び、留置される電車の姿も写る。
◎志木
1955（昭和30）年10月
撮影：竹中泰彦

志木駅は1914（大正3）年、東上鉄道（現・東武東上線）の池袋～田面沢（後に廃止）間の開業時に誕生している。当初はこの北口（現・東口）のみ存在し、1960（昭和35）年に南口が新設された。橋上駅舎化で駅の所在地が新座町（現・新座市）へ移った。
◎志木　1970（昭和45）年
提供：志木市

1970（昭和45）年、駅舎が改築し、橋上駅舎が誕生した志木駅。写真は北口（現・東口）の姿である。橋上駅舎化で足立町（現・志木市）から新座町（現・新座市）へ所在地が変更した。
◎志木　1970（昭和45）年
提供：志木市

1970（昭和45）年に橋上駅舎となった志木駅のホーム風景
である。志木駅の構造は、島式ホーム2面4線を有する地上
駅。東上線の成増～志木間は1937（昭和12）年に複線化され
ており、1987（昭和62）年に和光市～志木間は複々線化され
ている。◎志木　1970（昭和45）年　提供：志木市

東口の駅ビル「TOSCA」。営団地下鉄有楽町線との相互直通
運転開始を記念したセールの垂れ幕が掛かり、15000円以上
お買い上げの方220名様にオリジナルテレフォンカードプレ
ゼント！とある。時はすでにバブル景気に入っていた。
◎志木　1987（昭和62）年8月　撮影：山田虎雄

かつて存在した北口の様子。現在の東口にあたり、志木市側の出入口である。志木市・志木市商工会による横断幕が掛かり、
営団地下鉄有楽町線との相互直通運転を祝うものだ。1987（昭和62）年8月25日、営団地下鉄有楽町線との相互直通運転開始
とともに和光市～志木間が複々線化された。◎志木　1987（昭和62）年8月　撮影：山田虎雄

往年の志木駅と準急寄居行。モハ3210形＋サハ70形＋クハ550形の編成。モハ3210形は3200系（32系）電動車の多数を占めた形式。サハ70形は大改番でサハ101形から改称したもの。クハ550形は、サハ80形が先頭車化した車両であった。
◎志木　1956（昭和31）年
撮影：青木栄一

60年近く前の志木駅プラットホームなどの様子。7200系はオレンジに黄色の帯で、ベージュとオレンジの塗り分けが標準色となる前の塗色。写真右奥には無蓋車が写り、向うには切断された木材が大量に積まれている。その奥には「沖の山炭」と記された看板が写る。
◎志木
1964（昭和39）年2月1日
撮影：荻原二郎

7800系と8000系が並ぶ。写真は橋上駅舎化前の志木駅。当時の駅所在地は足立町（後の志木市）。橋上駅舎化は写真から数年後の1970（昭和45）年で、この橋上駅舎化で駅所在地が新座町（後の新座市）へ移った。
◎志木　1964（昭和39）年2月1日　撮影：荻原二郎

柳瀬川

志木市の大きな総合案内板が目立つ、柳瀬川駅東口の駅前風景である。1979（昭和54）年に開業した柳瀬川駅は、島式ホーム1面2線を有する地上駅だが、盛り土上に線路があるため、高架駅のような外観がある。東口の外観は現在もほとんど変わらないが、案内板は変化している。◎1987（昭和62）年8月28日　撮影：荻原二郎

土盛りの上にプラットホームがあり、改札口はその下。東口と西口を行き来できるコンコースが写り、写真は西口側から。夏のようである。柳瀬川の川畔は写真左側の駅北西側に位置する。◎柳瀬川　1987（昭和62）年8月28日　撮影：荻原二郎

『志木市史』に登場する東武東上線 (市史より抜粋)

東上鉄道の開業

東上鉄道会社は、大正3 (1914) 年5月1日、池袋～田面沢 (現東武東上線川越市駅) 間の開業をみた。東上鉄道会社は、開業に際して「東上鉄道御案内」なるチラシを発行した。そのチラシには、「山手線の電車は／5分及至50分毎に／発車する故／池袋停車場にて／御待合せ時間は／極めて僅少なり／川越より池袋迄／汽車約1時間にて／達します」と記されており、東上鉄道の開業によって東京～川越間における交通の便が著しく向上することが強調されていた。

また、このチラシは東上線から東京市内各地への順路も記されていた。それによると、下谷・浅草方面へは、池袋で上野行電車に乗りかえ、運賃は連絡切符で川越～上野間並等46銭であった。また、神田・本郷・日本橋・麹町・小石川・芝・四谷・赤坂・麻布・本所・深川方面には、池袋から大塚あるいは巣鴨に出て、そこから市内電車に乗り換えるのを最も便とした。運賃は、連絡切符で42銭であった。そして、新宿・渋谷方面には、池袋で山手線電車に乗り換えるのを便利とした。

このように、東上鉄道は川越と東京を結ぶ都市近郊鉄道として開業した。

開業と同時に志木駅も開設された。そして、開業当初の「東上鉄道列車時刻表」によると、志木駅発の列車は上り (池袋行) が午前5時50分を始発に午後9時35分の終発まで、ほぼ2時間間隔で9本、また下り (田面沢方面) は、午前6時6分の始発から午後9時51分の終発まで9本の列車が運行していた。そして、志木～池袋間の所用時間は、およそ45分ほどであったから、志木から東京市内まで1時間余で行くことができるようになったのである。

志木町は、このように東上鉄道の開通によって、首都近郊都市としての発展の基盤が形成されることになった。『関東新報』(大3.5.2) は、東上鉄道開業の特集記事を組み、「東上鉄道と志木町／長夜の眠は破られたり／看よ同町将来の発展を」との見出しのもとに、志木町における東上鉄道開業の意義を次のように伝えている。

今同町 (志木町……引用者) の位置を見るに埼玉県庁所在地たる浦和町を距ること西方約二里川越町より南すること三里半強又近来著しき発達を遂けんとしつゝある所沢町より東すること三里の中間に在り、秩父山谷を源泉とし県下中部を貫流する荒川の清流は、町の東方数町の間を縫って舟運ノ便ヲ与ヘタリ、又産業状態を一瞥するに同町付近一帯土地平坦田園連り米穀の集散夥しく殊に甘

諸に至りては同地方の産出巨額に上り県外ニ搬出さるゝもの決して少なからず、製粉、肥料販売、酒造、織物の製造又盛んにして其製品大に見るべきものあれ共奈何せん今日迄は交通上の便を欠きたる為め其発達を沮害されたる憾なきにあらず町民の活動的気分をして□□無為に終らしめんとしたり、然るに今や東上鉄道の要路として新に停車場の設置を見るに至りたる志木町は茲に全然旧態を一変し歓呼の声湧き全町活躍の巷と化さんとしつゝありて同町今後の発達は刮目に値すべく、而も東京市との往復僅々1時間を出でざれば、其工業に其商業に将又一般生産界に一大革新の伴ふべきは之れ必然の勢ならん。

このように、東上鉄道の開業によって、志木町と東京との交通が著しく便利になり、志木町の商工業発展の基盤が形成されていくことになったのである。

新河岸川舟運への影響

東上鉄道の開通は、その沿線諸地域に大きな影響をおよぼした。大正4 (1915) 年8月10日に刊行された『東上鉄道案内』は、東上鉄道開業後1年余にわたる東上鉄道の輸送状況とその沿線諸地域へおよぼした影響についてまとめている。同書によれば、東上鉄道開業の「効力は中武経済機関の中枢機軸として、亦沿道随一の主都たる川越町と東京との連絡に依って、此を囲繞する入間・北足立・此企等の隣接関係郡部地方に対し、生産物貨の搬出移入に其の輸送力を傾注する事」にあった。そして、この東上鉄道は、開業後1年にして60余万人の旅客と20万トンの貨物を輸送し、従来この地方の輸送の覇権を握っていた新河岸川舟運に大きな打撃を与えるのであった。というのは、同書が「中武の生産地を京浜地方の需要者との連絡を計ると言ふ点に於て本線 (東上鉄道……引用者) と新河岸川の水運等は共に顧客を同ふし、而も鉄道の至便は川船の遥かに遠く及ぼざる」と述べているように、新河岸川と東上鉄道は競合関係にあったからである。同書は、この辺の事情を仙波河、新河岸、志木河岸、福岡河岸などの貨物出入状況、さらには東上鉄道沿線の諸産業の状況などについて具体的に触れながら明らかにし、以下のような決論を導き出している。

要するに東上線の開通は新河岸川水運業の致命傷とも言ふべきもので、急激なる此一の大打撃に依って沿岸各河岸の現状は殆んど衰微の極に達した。尚聞く所に依ると、内務省今次の荒川改修工事に伴ひ、河身の変更を来し其の結果新河岸川の

分水河口は著しく拡削される。従って、現在の緩流が俄かに水の流れを速進して急流と化するならば、水源の湧水に乏しく水浅き新河岸川は滞水を減じて遂に舟楫の便を失ひ衰亡を来すべき一大懸念を生じた。目下沿岸各地に於ては寄々此が善後策に汲々たる有様であるが、孰れにせよ新河岸川の水運復興は今日既に頗る至難の状態に陥った事は明らかである。

こうして、東上鉄道の開業は、折からの河川改修と相まって、新河岸川舟運に致命的な打撃を与えたのであった。

（中略）

東武鉄道会社への合併

大正9（1920）年4月28日、東武・東上両鉄道会社の社長であった根津嘉一郎は、両鉄道会社の合併を申請した。根津が、東武・東上両鉄道会社の合併を申請する理由は次のように説明されていた。

東武鉄道及東上鉄道ハ共ニ相近接シタル地方鉄道ニシテ且ツ其経営者モ同一ニテ之レヲ合併スルニ於テハ営業上諸般ノ経費モ節約シ得ラル、ノミナラズ機関車諸車輌使用上ニモ多大ノ便宜アリ、従ッテ諸般ノ改良ヲ図ルニ利スル処多キニヨル（「東武東上鉄道合併認可申請書」東武鉄道株式会社蔵）

根津嘉一郎は、明治38（1905）年4月に東武鉄道会社の取締役、さらに同年11月には社長に就任して、その経営にかかわっていくが、以後昭和15年1月に死去するまで東武鉄道会社の社長に君臨していた。しかし、根津が経営にかかわっていくころの東武鉄道会社の経営は、著しい悪化をきたしていた。東武鉄道は、設立当初東京から足利までの路線建設を計画していたが、明治36年4月に利根川の手前の川俣まで路線を建設したものの、川俣以北の路線建設には着手できないままでいた。そのため、さまざまな増収策にもかかわらず、東武鉄道の営業収入は増加しなかったのである。

根津は、こうした破産寸前のいわゆる「ボロ会社」を引き受け、その経営再建に敏腕をふるうことになったのである。根津は、まず株金の払込みを断行する一方で社債の発行で資金調達をはかり、川俣～足利間の路線建設を進めた。川俣～足利間は、明治40年8月に開業したが、これによって東武鉄道会社の経営は好転することになった。川俣から利根川を渡って足利に至る路線が開通したことで、東武鉄道はこれまで利根川舟運によって輸送されていた貨物を奪いとることになり、営業収入が著しい増大をきたすことになったのである。

根津は、その後も借入金や社債に依存しながら積極的な路線延長をはかり、東武鉄道の経営を安定させていった。このような東武鉄道の経営再建をもって、根津は「鉄道王」とよばれるようになったが、東武鉄道と東上鉄道の合併も、こうした根津の経営戦略の中に位置づけられるであろう。

（中略）

東上線の電化運動

大正末期から昭和初期にかけて、東京とその郊外を結ぶ鉄道の電化が進展した。これは、日本の資本主義が著しい発展を示し、近郊町村から都心への通勤・通学者が増大したからにほかならない。東京近郊では、とりわけ関東大震災以後人口の郊外への分散化が進み、都心への通勤・通学者の輸送需要が増大し、鉄道の電化による高速度輸送とフリーケントサービスが要請されることになったのである。

このような中で、東武東上線においても、大正末期から川越、志木、坂戸、松山、小川などの沿線各町村で電化促進運動が展開されることになった。大正13（1924）年10月13日、川越市議会議員鈴木徳次郎外有志および志木、坂戸、松山、小川の各町村が川越市内で会合を開き、運動委員を第1班（川越市駅～池袋駅間）と第2班（川越市駅～寄居駅間）に分けて、東上線の電化促進運動を展開していくことを申し合わせた。沿線地域住民が東上線の電化を要望するのは、武田川越市長の「目下各地とも土地の発展上色々な策を試みて居るが、第1の前提は交通機関の完備如何であるから東上線沿道有志諸君が今回同線の電化運動を起すのは誠に機宜を得たことで、自分としても出来得る限り之に応援して目的の達成に努力する積りである」という発言に代表されるように、鉄道電化による地域振興にあった。

運動委員は、再三東武鉄道会社の本社を訪問して東上線の電化実現を陳情したが、大正10年10月18日に東武鉄道会社を訪問した際に、会社側から「会社側としても予てから電化計画があり、内々調査を進めて居た居柄とて、沿線有志の希望に副ふべく可及的の努力をする」との声明を得ることができた。既に東武本線（伊勢崎線）の浅草～西新井間の電車運転を実施していた東武鉄道会社は、電化の輸送効果を十分に認識しており、東上線の電化は会社側の経営方針としても日程にのぼっていたのである。

写真上に志木駅、写真下に東上線の朝霞台駅と国鉄武蔵野線の北朝霞駅が写る。東上線は縦方向、国鉄武蔵野線は高架線で横方向。東上線朝霞台駅は開業から3年、国鉄武蔵野線北朝霞駅は開業から4年の頃。朝霞台駅のプラットホームが切通しに位置するのが空撮写真からよくわかる。当時の東上線は複線。東上線和光市～志木間の複々線化は10年後の1987（昭和62）年だった。◎1977（昭和52）年12月22日　撮影：朝日新聞社

『上福岡市史』に登場する東武東上線 （市史より抜粋）

上福岡駅舎と駅員

　開通した鉄道の上福岡駅は、開業当初から「停車場」と呼ばれていた。昭和初期の駅舎内）は、開業時の頃と同じであろう。ここは平屋の瓦葺きの駅舎で、中は改札口・待合室と駅員室で構成される。駅員室には、切符売場と荷物扱室、そしてそこに机やストーブが置かれ、隣接して通信機・交換器や休憩室、そして便所や外のホーム上に作業小屋などの倉庫が配置されていた。

　昭和4（1929）年10月池袋～川越市間が電化され、一段と便利になると乗客も増え貨物利用も多くなった。上福岡駅での乗客が昭和5年で約6万6000人、その10年後の昭和15（1940）年には8倍弱の約52万人余りに増加した（『埼玉県市町村誌』）。これは造兵廠（火工廠）が昭和12（1937）年操業を開始し、従業員の利用が増えたためであろう。そのためあまりにも多い従業員の利便を考えて、造兵廠内の共栄会売店近くで東上線の定期券を臨時に販売していたという。昭和15年頃の駅員は5～6人でそのうち、貨物係は2人であった。

　上福岡駅の平屋の駅舎は、鉄道開通時から戦後まで、そのまま使われ駅西側の霞ケ丘団地の建設がされるまでの55年間変わることはなかった。霞ヶ丘団地住民の入居とあわせて新駅は、昭和34（1959）年11月1日鉄筋コンクリート造りの775平方メートルの橋上式駅舎に生まれ代わった（『東武鉄道六十五年史』）。その後一部は改築されたが現在に至っている。

貨物積みおろし場

　上福岡駅の開設された大正3（1914）年には、駅南側に貨物積みおろし場があった。この頃の駅から六道の辻にかけた一帯には、松の大木がそびえていたが、鉄道の開通とともに、次第にこの松も薪として駅の貨物積みおろし場に集荷されていき、ヤマは切り開かれ畑となっていた。

　東上線は、昭和4（1929）年に電化されても貨物車だけは、戦後の昭和34（1959）年まで汽車に連結され、そののち昭和30年代末まで使われていたと思われる。この貨車の積みおろし場に上福岡駅の駅員が貨車を入れるが、荷物の取り扱いは鉄道開通とあわせて開業した駅前のマルツウ（星野運送店）と少し遅れて開業したマルサン（丸三運送店）が、貨車で運ぶ荷物を独占的に扱っていたという。

　昭和12（1937）年以降に貨物積みおろし場に到着した荷物の大部分は、陸軍の火薬類・弾薬箱や汽缶場の石炭、造兵廠増築工事の建設資材などである。ほかの到着荷物には、箒の柄竹や肥料が貨物積みおろし場に積み上げられた。これに対して発送荷物は、造兵廠の関連荷物と駅周辺の畑作地帯で収穫される野菜類を集積し発送していた。貨車に積み込む前には、マルサンのトラックが積みおろし場に横付けされ、そこからおろしたゴボウやサツマイモで満載になることもあった。

下肥おろし場

　貨物積みおろし場南側の線路際に、下肥おろし場が作られた。このおろし場の貨車ホームの屋根は大きく、その下にはタメ（下肥）樽を洗う場所が設けられていた。のちにはコンクリート製の大きなタメオケという貯留槽も作られた。下肥は、畑に良くきく速効肥料として化学肥料より安かったため多くの使用があった。

　上福岡駅の下肥運搬は、大正8（1919）年3月より貨車輸送が開始された。東京から輸送してきた下肥積みの貨車1輛分のことをイッシャ（1車）といい、ここには肥樽188本乗せることができる。その1本の下肥は、およそ10貫匁であったという。上福岡に降ろされた下肥輸送を年次的に見てみると、大正12（1923）年頃まで1か月毎に、貨車が70車輛到着し、価格は1車25円38銭になっている。この年を境に減少し、翌年より1か月毎に50車輛、価格も1車20円68銭に下がってきた。また大正14（1925）年より昭和7（1932）年までは1か月毎に30車輛、価格は1車14円10銭になった（近藤光男家文書）。

　下肥おろし場のホームに貨車が夕方到着すると、上福岡駅の貨物係の駅員や作業員が肥料を降ろす準備をする。そのあと貨物係によって下肥降ろし場でタメ樽の荷渡しが始まる。そこに下肥を取りにいくことを「タメ曳きに行く」といって、市域や大井村、三芳村の上富などから大勢の農家の人が来てにぎやかであったという。

　昭和13（1938）年頃になると、東上線の下肥の貨車輸送も少なくなってきた。これは、東京市の汲取清掃事業と合わせて自動車運送が多くなり、船や貨車から自動車に取って代わるようになってきた。そのため同じ東上線の水谷村（現富士見市）下肥おろし場が、昭和13（1938）年6月に廃止（『東武鉄道六十五年史』）されているので、上福岡駅の下肥おろし場も同じ頃になくなったと思われる。

みずほ台

開業当時のみずほ台駅のプラットホーム。ホームの上屋が短く、写真の右奥に数両分しか無かった。当時はまだ橋上駅舎や駅ビルはなく、駅舎はホーム上屋の先に見えている屋根部分だった。◎みずほ台　1977（昭和52）年10月　提供：富士見市

写真は「祝 みずほ台駅開設」と記された横断幕が掛かる開業当時のみずほ台駅。元は東京から肥料となるし尿を運び込む施設を備えた信号所だった。信号所は複線化で廃止され、その後、1977（昭和52）年10月にみずほ台駅として開業を迎えた。開業後の1981（昭和56）年には東口に駅ビルが完成した。◎みずほ台　1977（昭和52）年10月　提供：富士見市

鶴瀬、ふじみ野

このような俯瞰写真があると、また違った角度からの記録写真になる。旧駅舎のあった東側から見た駅構内。島式ホームや本線外側の線路、後に開発される西口が写る。発展を遂げた現在の駅周辺と比べると隔世の感だ。
◎鶴瀬　1965（昭和40）年頃　提供：富士見市

1993（平成5）年11月に開業したふじみ野駅。写真は開業当時の様子。開業1年も経たないうちに駅ビルが開業するが、当時は未完成。駅の所在地は富士見市ふじみ野東だが、富士見市の隣にふじみ野市が誕生し、ふじみ野市ふじみ野もあるため、少々ややこしい。◎ふじみ野　1994（平成6）年11月10日

当時は富士見町。町制施行3年後の鶴瀬駅の様子。本格的な人口急増が訪れる少し前のような雰囲気だ。夏の日の駅舎に打ち水がしてある。丹頂型の電話ボックスに老夫婦、子ども、駅舎内の人、左端に写る子犬など、木造駅舎時代の懐かしい鶴瀬駅を記録した一枚。◎鶴瀬　1967（昭和42）年9月2日　撮影：荻原二郎

『富士見市史』に登場する東武東上線 （市史より抜粋）

東上線の開通・鶴瀬駅の開設

大正3（1914）年5月1日、東上鉄道東上線が開通した。東上鉄道（株）は明治44（1911）年11月創業で、その後3年半ほどの準備によって路線開業の運びとなったものである。開業当初の路線は東京池袋駅から田面沢駅（川越市内）間33.5キロメートルで、両起点間には下板橋・成増・膝折（現朝霞駅）・志木・鶴瀬・上福岡・六軒町（現川越市駅）の7駅が設けられていた。旅客の乗車賃は当初は特等・並等の2段階を設け、並等が1マイル（約1.6キロメートル）当たり2銭、特等はその5割増となっていた（その後の大正7年7月、並等が1マイル当たり2銭4厘となり、特等は廃止された）。

鶴瀬駅は前記の通り、開通当初から開設されていた。鶴瀬駅の開設前後の事情や開業当日の情景については、次のような記述がある（山田守宏『入東史談』創刊号）。

…本来、鶴瀬駅は現在地よりやや北の、通称、山と呼ばれる場所のすそに開設される予定であったが、地元住民は出資がかさむとの理由により、気乗り薄であった。そこでやむを得ず、駅開設に熱心な南部地区の住民有志は、北部地区の有志と相計って、現在地に決定をみたのである。南部地区では、村長横田源九郎を初め、萩原五助、島田源三郎、加藤惣助らが有志であった（中略）。大正3年5月1日、いよいよ開通日である。当日は天も祝福するかのように五月晴れで、招待を受けた議員諸公、区長、住民等、大変な人出で賑わった。皆が首を長くして待つことしばし、やがて黒煙を吐きつつ開通列車が到着するや、割れんばかりの歓声は天に轟き、一同狂喜乱舞の様は筆舌に尽くせぬ有様であった。

鶴瀬駅構内に現存する「鶴瀬駅之碑」（大正3年5月下旬に建てられたもの）にも、「鶴瀬村有志横田源九郎氏等ガ拠金ヲ謀ッテ鶴瀬駅ヲ建設」（原文は漢文）とあり、開通当日については「五月一日ニ汽車通ズ、此ノ日天晴気朗、千里ヲ望ミ（中略）吐煙蜿蜒ト伸ビ、老若歓呼ス」（同上）と刻まれている。

「黒煙を吐きつつ」と記されているように、当時は蒸気機関車による走行であり、当初の時刻表によると上り・下りがそれぞれ2時間に1本ずつ、鶴瀬から池袋までは約1時間を要したという（その後、次第に本数も増え、昭和4年には電化された）。現代とは比較にならない輸送力だったが、当時の鶴瀬村など沿線の各町村にとっては、鉄道の開通と各駅の開設は実に画期的なことであった。開通期の新聞広告には次のように記されていた。

「5月1日、池袋川越間汽車開通、東京川越間近道、池袋にて電車と連絡最もよし。開業の日より一週間半ちん、切符御求めの際、東上線川越と御申し聞け下され度く候」。その後に路線の延長や新駅の開設が次のように相次いで行われた。

大正3年6月　　上板橋、新河岸の両駅を開設

同　4年4月　　川越西町駅（現川越駅）を開設

同、5年10月　　川越町駅（当初の六軒町駅）－坂戸町駅間（9.2キロメートル）の路線を延長。なお、このとき当初の六軒町駅－田面沢駅間の路線を廃止

同　12年10月　　坂戸町駅－武州松山駅（現東松山駅）間（9.4キロメートル）の路線を延長

同　12年11月　　武州松山駅－小川町駅間（14.1キロメートル）の路線を延長

同　14年7月　　小川町駅－寄居駅間（10.8キロメートル）の路線を延長（以上、大正末まで）

これらの路線延長で東上線は池袋駅－寄居駅間75.2キロメートルを走るようになり、寄居駅で日本国有鉄道（当時）八高線に接続し、上州路に通ずるようになった。

こうした路線の拡充が進められていた時期の大正7年ごろから、東上鉄道と東武鉄道両社の間で合併の話し合いが始められていた。第1次世界大戦その他の影響による物価の高騰などで、両社が合併して経費の節減・車両の効率的運用・諸施設の改善を図ろうというものであった。東武鉄道は明治28（1895）年創業の有力私鉄で、同33年に北千住－久喜間の路線を開業し、さらに南は東京・浅草、北は群馬・伊勢崎へと双方に路線を延長した伊勢崎線を経営していた。両社の合併は大正9年4月に実現し、東上線整備の企業力が増強された。

大正期の後半、とくに関東大震災後の東京の郊外では都市化が進行したが、東上線の延長や新駅開設は沿線地域の都市化を推進しつつ、同時に都市化による人口増などを背景に貨客輸送事業を発展させるという相互作用をもちながら進められていた。こうした都市化の流れの中で川越町は、古い歴史をもつ城下町であるのに加えて、東上線の主要駅（2駅）があり、さらに武蔵野鉄道（現西武線）の主要駅ももつようになって、交通の要衝としての価値を増し、商工業が大きく発達した。大正11年の人口は2万8000人となり、同年12月1日に市制を施行した。埼玉県下における最初の市の誕生であり、富士見市域など周辺の町村にもさまざまな影響を及ぼすものであった。

陸路の整備と新河岸川舟運の衰退

東上線開通前の富士見市域から東京への交通は、陸路では川越街道が、水路には新河岸川が利用された。しかし前者は30キロメートルに対し、新河岸川は屈曲が激しいために東京までは100キロメートル以上もあった。しかし物資などを運ぶために、大正初期ごろまでは主として舟運が利用され、人々もよく舟を利用していた。川の沿岸の南畑村などには"舟持ち船頭"の家があり、南畑橋のあたりにはいつも荷船が2、3そう停まっていたという。

しかしその一方で、東上線が開通し、また明治末以降に武蔵野鉄道（池袋－所沢－飯能、新宿－練馬－所沢－川越、現西武線）の路線も延長され、客車だけでなく貨車も運行して物資を輸送していた。また、これらの郊外電車の発達だけでなく、大正中期以降、とくに大正8年の道路法制定（9年施行）の後に道路の整備が進んだ。この時代から始まった自動車輸送が道路改良を促すという動きもあった。埼玉県では、県下の産業発達のため、県道の拡充を図り、とくに川越街道など東京との間の道路の整備に力を注いだ。

埼玉県の自動車所有台数は、関東大震災後、乗合自動車（バス）事業や貨物自動車（トラック）事業の発展などで急速に増加した。大正14年4月現在、県下には川口町－鳩ヶ谷町、桶川町－川越西町、熊谷町－松山町など13のバス路線があった。貨物・旅客双方について、電車と自動車などの陸運は整備され、発達した。

こうした陸運の進展によって、新河岸川の舟運は次第に衰退に追い込まれていった。また、新河岸川自体も繰り返される水害をなくすために、大正10年から県が実施した河川改修事業（10ヵ年継続事業、昭和6年完成）によって湾曲部が直線化されることになった。このため水路は大きく短縮されたが、一方では水深が浅くなったために舟運の条件が悪化することにもなった。

さらに、大正12年の関東大震災の際、東京方面で河川などに停船していた多くの舟が焼失し、残った舟も震災直後の非常運送用に徴発された。この当時は、新造船で350円見当だったのが、船舶不足で高騰し、中古船でも600円から700円もするようになり、しかも飛ぶように売れたという。新河岸川の多くの舟が東京方面に買われ、舟の姿は昭和3年末で見られなくなった。

『大井町史』に登場する東武東上線 （町史より抜粋）

鉄道敷設の気運

　近世初期より江戸（東京）や各地との交通や物資の輸送の中心として、新河岸川の舟運によるところが甚大であった。

　ところが明治16（1883）年の高崎線の開通により、川越地方から東京方面にいくのに乗合馬車を利用し、停車駅である大宮に出る者が急激に増加した。この馬車は大井まで延び、当地より乗り物を利用すれば川越・大宮を経て東京の上野に出られるようになったのである。このことが、新河岸川舟運の将来に一抹の不安をもたらす結果となった。当時福岡河岸の回漕問屋であった星野仙蔵は、この新しい動きを前々より洞察し、鉄道に舟運の抗し難きを悟り、鉄道の敷設に食指をのばしていた。この事実は明治14年5月「日本鉄道会社創立出金人名」の写しによると、その出資に応じた下野・上野・東京・埼玉等各地の人名中に、川越町の横田五郎兵衛・黒須喜兵衛・中島久平・綾部利右衛門、冑山（現大里村）の根岸武香らとともに、福岡河岸の対岸でもある古市場河岸の橋本三九郎の名がみられる（上福岡市福田屋文書）。この写しを仙蔵の先代が所持していたことからして、当時すでに鉄道敷設の気運が高まりつつあったことを推察することができる。

　同年6月22日付にて、当鉄道会社創立事務所発起人より東京府知事あてに東京－高崎間の「鉄道建築願」（上福岡市福田屋文書）が提出されている。以上の事実からして川越地方の財界の有志らは、すでに舟運に見切りをつけ、高崎線の開通にも一役買っていることからして、すでに新河岸川の舟運に終えんの近いことを察知していたものと考えられる。なお大井村では東上鉄道開通にあたり明治44年に村内の樹木の一部が伐採されている（高山祐一家文書）。

毛武鉄道への動き

　明治28年に川越鉄道が完成され、川越－国分寺間を連絡するようになると、当地方からも川越や大宮を経由する東京への交通が便利となるに従い、舟運はもはや忘れ去られる運命をたどることになるのであった。「毛武鉄道株式会社改正線路不認可願」によれば、明治28年8月1日付をもって毛武鉄道の敷設を出願したという。つまり東京市小石川区富坂町付近より巣鴨・池袋・下板橋を経て埼玉県白子から川越街道に沿い、膝折・大和田・大井の旧各宿駅を通過して川越町に至り、川越鉄道に連絡するという計画であった。

　ところが翌年の11月、水谷村長（富士見市）をは

じめ村全員の連名による前述の「毛武鉄道の改正線路を認可しないように」と内務・逓信の両大臣に提出されるとともに、毛武鉄道あてには陳情書が出された。文面によると、鉄道線路の計画が当初と異なり、白子より志木・鶴瀬・福岡・川越と改正されたが、これが万一実現すれば水谷村は地の利が悪いため工事が困難であること、さらに河川の出水による障害や、児童の通学にも支障を来す等が主要な理由で、ぜひ、しかるべき処置をとり訴えている。この結果不認可となったかどうかは記録に乏しく、事実を確認することはできない。

　福田屋文書によれば、仙蔵の手になる記載帳に、明治31年12月19日の項に、毛武鉄道の線路測量に関する技師、人夫等の賄料が記され「当日技師1名、昼飯技師1名、泊り弁当付技師4名」などとあり、鉄道敷設に積極的に関与していた。また、当時仙蔵が所持していた毛武鉄道の株20株を苗間の神木三郎兵衛に譲渡し、翌年10月に83円の配当金を仙蔵の手を経て三郎兵衛が受領している。

　以上のように仙蔵等の努力にもかかわらず、一般経済界の不振による余波を受けたこともあって、明治35年という鉄道敷設期限を失し、ついに実現することはできなかった。

京越鉄道株式会社の発起

　毛武鉄道の夢は消えても、鉄道敷設の動きは絶えるどころかますます活発化の一途をたどっていくのである。福田屋文書中、明治35年8月21日付の「京越鉄道株式会社発起ニ付仮免許申請進達願」の控によれば、星野仙蔵のほかに、川越町の高山仁兵衛・綾部利右衛門・山崎嘉七・竹谷兼吉・竹谷幹吉・小川五郎右衛門、白子村の富沢俊等の地方財界有志が、京越鉄道株式会社を発起し知事に申請したのである。路線としては池袋を基点とし、上板橋村・下練馬村・白子村・膝折村・志木町・福岡村・川越町小仙波を経由し、川越鉄道停車場に至る18マイル4分の3の間に蒸気鉄道を敷設し、旅客及び貨物の運輸業を営むことを目的とした。なお資本金65万円は8名の共同出資によるが、仙蔵は5万円を出資するとしている。当時は川越より国分寺間の川越鉄道を利用すると、東京までの35マイル2分の1がおよそ2時間半もかかるが、本線だと約1時間に短縮できるという。

　しかしながら、この計画も明治37年に日露戦争の勃発によって、やむなく中絶せざるを得なかったといわれる。やがて、明治39年には川越電気鉄道が川越－大宮間を連絡するに至り、新河岸川の舟運は、もはや忘れ去られる運命となっていくの

であった。

東上鉄道の開通に向けて

　星野仙蔵は、２度にわたる鉄道計画の挫折にもめげず、初心を変えることはなかった。明治37年３月、衆議院議員の高田早苗が早稲田大学の総長に就任するため議員を引退したので、その後任として仙蔵が立候補し当選した。時を同じくして山梨県より出馬した実業家の根津嘉一郎と知り合い、鉄道敷設について彼を説得した。仙蔵の熱意に動かされた嘉一郎はやがて、明治41年10月に認可された東上鉄道設立の権利（仮免許）を、同43年に至って譲り受けるに及び、ここにようやく仙蔵の永年の念願であった東上鉄道の敷設計画が実現の運びとなったのである。

　最初の計画では、東京の大塚辻町を基点として川越から、さらに寄居、上州の高崎、果ては遠く新潟まで敷設する予定であったが、ひとまず東京から上州渋川までということで東上鉄道を呼称することに決定した。ところが実際には寄居から先の認可が下りないうえ、資金難とも重なって、ついに断念し寄居にとどめたという。いっぽう、東京では下板橋から大塚に至る土地の買収が芳しくなく、やむなく池袋に変更せざるを得なかったともいわれている。

　さて、ここにおいて池袋−寄居間の東上鉄道の敷設計画が完全にでき上がったかとみられたが、福岡村の住人である仙蔵にとってはいまひとつ不満があった。というのも、「東上鉄道株式会社敷設線路平面図」によると、路線の計画では、池袋から上板橋・練馬・白子・膝折・大和田・竹間沢・大井・川越と記載され、ほぼ川越街道に沿って鉄道が敷設され、旧宿場に駅を設置するようになっているからであった。彼はさっそく、これをさらに東方に修正するため奔走した結果、現在の路線に決定されたといわれる。もし、これが当初の計画通りに敷設されたとしたら、大井町の姿もさぞ一変したことと思われる。

上福岡

1960（昭和35）年、通学・通勤客が多く見える上福岡駅のホーム風景。前年（1959）年11月、東武鉄道で初めてとなるドーム形の屋根をもつ橋上駅舎が誕生している。駅の構造は島式ホーム1面2線で、この頃に留置線も設けられた。
◎上福岡　1960（昭和35）年　提供：ふじみ野市立上福岡歴史民俗資料館

1960（昭和35）年、地上駅舎から橋上駅舎に変わった直後の上福岡駅舎。ホームと駅周辺のワイドな風景が撮影されている。跨線橋の幅広い階段に屋根がないことが時代を感じさせる。駅周辺にも大きな建物、ビルは存在せず、2つのガスタンクが異彩を放っている。正面後方は無線塔である。◎上福岡　1960（昭和35）年　提供：ふじみ野市立上福岡歴史民俗資料館

上福岡駅のすぐ北西にあたる場所に広がっていた日本住宅公団（現・UR）の霞ヶ丘団地の風景である。1959（昭和34）年に誕生したこの団地は、204棟1793戸を数える大規模なものだった。その後、老朽化による建て替えで、コンフォール霞ヶ丘に変わっている。◎上福岡　1959（昭和34）年　提供：ふじみ野市立上福岡歴史民俗資料館

「かみふくをか」の駅名標が見える、戦前（1936年）の上福岡駅のホームと駅舎である。上福岡駅は1914（大正3）年の東上鉄道（現・東武東上線）の開通時に開業した古参駅。
◎上福岡　1936（昭和11）年　提供：ふじみ野市立上福岡歴史民俗資料館

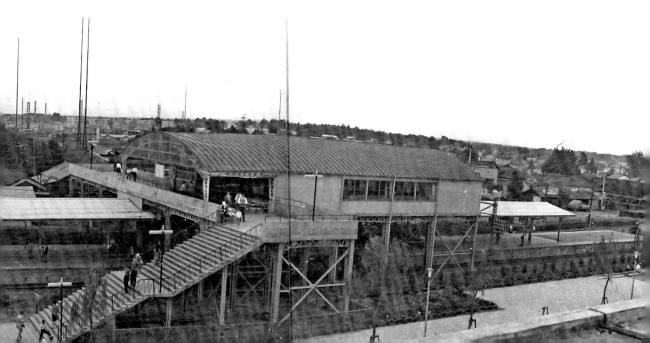

1952（昭和27）年当時の上福岡駅のプラットホームなど。電車近くに写る人が田舎町のおばさんらしい雰囲気で、のんびりしていた当時の上福岡を伝えている。写真のコントラストがはっきりしていて、夏の日差しを感じさせる懐かしい雰囲気の写真。写真右側に写る木陰が涼しそうだ。◎上福岡　1952（昭和27）年7月　撮影：竹中泰彦

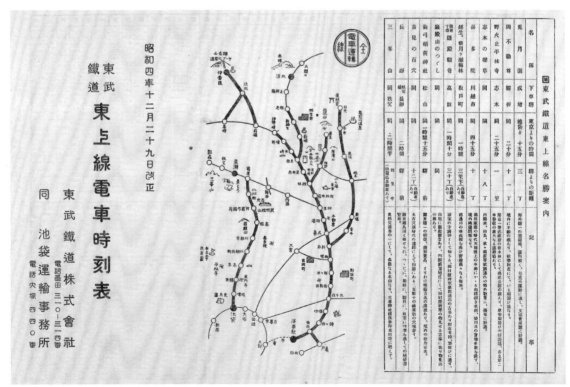

1929（昭和4）年の東武鉄道東上線の地図付きの時刻表で、浅草駅を起点とした伊勢崎線、日光線の路線も記されている。東円寺最寄り駅の膝折駅は、現在の朝霞駅で、1932（昭和7）年に駅名を改称している。成増駅附近には遊園地「兎月園」が見える。◎提供：ふじみ野市立上福岡歴史民俗資料館

新河岸

69年前の新河岸駅付近。1898（明治31）年英国シャープ・スチュアート製のB4形35号機が牽引する貨物列車が走ってくる。鉄道院・鉄道省時代は5650形5650号機で、5650形6両の中のトップナンバーだ。1959（昭和34）年まで貨物列車を牽引した。
◎新河岸付近　1953（昭和28）年　撮影：青木栄一

新河岸は「しんがし」と濁る読み。2017（平成29）年12月に橋上駅舎化されるまでは地上に駅舎があり、跨線橋が使用されていた。写真は1966（昭和41）年当時の駅舎。当時は池袋から30km未満の所に写真のような木造駅舎が日常風景の中にあった。
◎新河岸　1966（昭和41）年12月30日　撮影：荻原二郎

市制施行して上福岡市になった翌年の空撮写真。写真上に東上線と上福岡駅が写り、奥に写る東武ストアが存在感を放っている。駅舎は橋上駅舎で、上福岡駅の橋上駅舎は東武鉄道で最も早い橋上駅舎として1959（昭和34）年に完成した。左側に写るのは、福岡村時代に入居が始まった日本住宅公団の霞ヶ丘団地。団地が出来ると1960（昭和35）年に町制施行で福岡町に。それからわずか12年で市制施行して上福岡市になった。
◎1973（昭和48）年9月20日　撮影：朝日新聞社

川越、川越市

同じ駅舎でも年代によって異なる場合がある。写真は大柄な堂々たる佇まいだった東武側の東口の駅舎。駅舎の屋根の通気口がアクセントになっていたが、後の写真を見ると、すっきりと屋根から撤去されている。駅前には雨が降り、土埃が雨に濡れた独特の匂いが駅舎内に漂ってきそうな写真でもある。◎川越　1964（昭和39）年　撮影：荻原二郎

川越駅は川越西町の駅名で開業。川越駅へ改称したのは、鉄道省川越線川越駅が開業して乗換駅となった1940(昭和15)年のことだった。写真は在りし日の東武側の東口駅舎と駅前風景。東上線のほうが早く開業したこともあって、写真を見ても、国鉄川越線側の西口に比べて賑やかさを感じる。駅舎の駅名板が一見すると古めかしい感じだが、おそらく川越の町に合わせたレトロ調にしたものと思われ、子どもの服装からも、1980年代頃かと推察する。◎川越　1980年代頃　撮影：山田虎雄

川越市駅の隣にあった川越の機関庫とB3形29号機。1914（大正3）年、英国ベイヤー・ピーコック製。東武鉄道B3形は鉄道院5600形を基本のモデルとするが、動輪径が大きめなことや、ランボードが真っ直ぐなところが5600形と異なる。29号機は1960（昭和35）年に廃車となった。
◎川越市
1954（昭和29）年9月
撮影：竹中泰彦

貨物ホームに高く積まれた積荷とB4形の39号機。鉄道院・鉄道省時代は5650形5654号機だった。39号機は1966（昭和41）年まで貨物列車牽引を行い、その後は昭和鉄道高校で保存。現在は三重県いなべ市にある貨物鉄道博物館で保存されている。
◎川越市
1954（昭和29）年9月
撮影：竹中泰彦

モハ3210形モハ3224ほか4連。写真左側に写るのは貨物ホーム。川越市駅は1914（大正3）年開業時は川越町駅だったが、別名で六軒町駅とも呼ばれていた。これは六軒町の地主が土地を提供したからだが、駅構内のほとんどは田面沢村の村域であった。その後、田面沢村は1939（昭和14）年12月に川越市へ編入されたため、田面沢村村域だった駅構内は川越市市域に変わった。
◎川越市
1954（昭和29）年9月
撮影：竹中泰彦

川越市駅隣接の川越市駅には広い車庫が隣接していた。写るのは、客車ホハ11形ホハ52から電車化されたデハ3形デハ12。1927（昭和2）年に他の同形式とともに電車化され、写真は電車化12年後頃の姿。客車から電車化というと大変そうだが、ホハ11形は電車化するために誕生した客車で、電車の需要状況を待って電車化された。
◎川越市　1939（昭和14）年
撮影：大谷正春

川越市駅に併設の川越車庫で撮影されたモハ3210形モハ3217が写る。モハ3210形は、デハ5形として昭和初期に登場し、デハ7形を経てモハ3210形となった。車庫は川越電車庫として1929（昭和4）年に設置され、長きに亘って電車基地を担ってきたが、1971（昭和46）年に開設された森林公園検修区へその機能を移した。
◎川越市
1956（昭和31）年7月12日
伊藤威信（RGG）

川越の車庫で撮影の大正期に製造されたダブルルーフ客車で、サハ42形サハ43。この客車が2年後に他のサハとともにクハ化される。客車の台枠や台車を流用した新製車で、サハ42形サハ43は1941（昭和16）年にクハ101形クハ105になった。
◎川越市　1939（昭和14）年　撮影：大谷正春

主要駅にしては橋上駅舎ではなく地上駅舎で、駅舎とプラットホームを跨線橋で結ぶオーソドックスな川越市駅。現在は三角屋根の駅舎へリニューアルされているが、階段のある駅風景は今も同じだ。距離が比較的近い西武新宿線本川越駅との乗換客も多く、駅の利用者は多い。◎川越市　1990年代　撮影：山田虎雄

55年前の川越市駅のプラットホーム。8000系の準急池袋行。川越市駅は1914（大正3）年に川越町駅として開業。川越西町駅として開業した隣駅の現・川越駅よりも1年早い開業で1922（大正11）年12月に川越市駅へ改称した。古くからの市街地に近い駅で、長年に亘り川越市の代表的としての地位を保ってきたが、現在は隣駅の川越駅が代表駅になっている。
◎川越市　1967（昭和42）年　撮影：荻原二郎

写真は、国鉄分割民営化によって国鉄からJRになっていた時の撮影。写真中央が川越駅で、橋上駅舎化前の様子。奥が東武側の東口で、手前がJRの川越線側の西口。東口と西口にそれぞれ駅舎があったが、両駅舎ともに東武鉄道が駅業務を行っていた（JR化後も）。川越線は写真の2年前に電化され、埼京線と直通運転になっており、写真を見ると西口側の川越線に架線柱が立つのがわかる。
◎1987（昭和62）年10月23日
撮影：朝日新聞社

霞ケ関

昭和40年代中頃の霞ケ関の駅舎。現在の南口にあたる。後に駅舎は改築され、現在は橋上駅舎が建つ。駅名の由来は霞ケ関村から。◎霞ケ関 1971（昭和46）年7月24日 撮影：荻原二郎

半世紀近く前の夏の日の駅前風景。商店が軒を連ねる駅前の通りや人通りが写る。当時、北口はなく、駅の南側に木造駅舎があった。写真右側の柵で囲まれたエリアには、現在駅ビルが建っている。◎霞ケ関 1973（昭和48）年8月 撮影：竹中泰彦

当時の東上線は単線。川越市～坂戸町（現・坂戸）間の複線化は1965（昭和40）年だった。
写るのは、B4形の38号機が牽引する貨物列車。英国シャープ・スチュアート製のテンダー機で、鉄道省時代は5650形5653号機。38号機は1959（昭和34）年まで貨物列車を牽引した。
◎霞ケ関駅西方
1954（昭和29）年5月9日
撮影：竹中泰彦

サイド気味に撮影のB4形38号機。当時の霞ケ関駅からは埼玉県営鉄道が分岐し、写真には側線が並んでいた当時の霞ケ関駅構内が写る。埼玉県営鉄道は、入間川の川砂利運搬鉄道であったが、写真当時は川砂利の減少で往年の活気は無かったという。写真の数年後にあたる1957（昭和32）年に川砂利運搬鉄道の廃止届が提出された。
◎霞ケ関
1954（昭和29）年5月
撮影：竹中泰彦

埼玉県営鉄道の産業用ロコ。「TOKIWASANGYO」の銘板や「TOKIWASANGYO IBARAKI」の記入が見られる。現代のデジカメ時代であれば、このような産業用の内燃機関車は珍しく、写真を撮る人は多いと思うが、フィルムも現像も高価で、他に撮影する車両が多くあった時代に、このような産業ロコまで撮っている人は少なく、貴重な記録写真と言える。
◎霞ケ関　1954（昭和29）年9月
撮影：竹中泰彦

鶴ヶ島

鶴ケ島駅は1932（昭和7）年に開業している。現在のような橋上駅舎に変わる前は、東口側に駅舎、改札口があり、乗客は上下線のホームの間にある構内踏切を利用していた。これはその頃のホーム、構内踏切の風景である。◎鶴ケ島　提供：鶴ヶ島市

橋上駅舎は1983（昭和58）年に登場。写真は東口で旧駅舎側。出入口の屋根の写真左側が現在では短くカットされている。駅は鶴ヶ島市と川越市の境界に位置し、東口一帯が全て鶴ヶ島市ではなく、西口一帯は川越市で占められている。
◎鶴ケ島　2000（平成12）年　提供：鶴ヶ島市

若葉

歴史の新しい若葉駅だが、駅の周辺には高校や大学のキャンパスがあり、通学のために通ってくる学生、生徒も多い。筑波大学附属坂戸高校、山村国際高校があるほか、1961 (昭和36) 年に創立された女子栄養大学は現在、坂戸市千代田3丁目の坂戸キャンパスに本部を置いている。◎若葉 2002 (平成14) 年 提供：鶴ヶ島市

若葉駅は1979 (昭和54) 年に開業した比較的新しい駅である。駅の構造は島式ホーム1面2線をもつ地上駅で、橋上駅舎を有している。駅の所在地は坂戸市関間4丁目であるが、鶴ヶ島市との境界に位置しており、西口と池袋側は鶴ヶ島市の藤金、富士見地区となっている。◎若葉 2004 (平成16) 年 提供：鶴ヶ島市

坂戸、北坂戸

坂戸駅を通過しようとしている蒸気機関車。東上鉄道（現・東武東上線）は開業から2年半後の1916（大正5）年10月に川越町～坂戸町（現・坂戸）間が延伸し、坂戸町駅が開業した。東上線の貨物列車は1986（昭和61）年まで運行されていた。
◎坂戸町（現・坂戸）
昭和30年代後半
提供：坂戸市教育委員会

「坂戸町」の駅名標を掲げている坂戸町（現・坂戸）駅の木造駅舎である。坂戸町駅は1976（昭和51）年、坂戸町が市制を施行して坂戸市となったことで、坂戸駅に駅名を改称している。現在の駅は橋上駅舎に変わっている。
◎坂戸町（現・坂戸）
昭和30年代
提供：坂戸市教育委員会

東武越生線が分岐する同線の起点駅。現在は橋上駅舎化され、南北の自由通路設置で行き来が改善された坂戸駅。写真当時は坂戸町駅で、坂戸駅になったのは、1976（昭和51）年の市制施行時。写真は南口の旧駅舎。かつては貨物輸送の拠点であり、当時は機関区もあった。
◎坂戸町（現・坂戸）
1971（昭和46）年2月6日
撮影：荻原二郎

駅前通りを歩く人々が見える坂戸町(現・坂戸)駅付近の風景である。現在の坂戸駅の所在地は坂戸市日の出町1丁目で、日の出町は駅の北側に広がっている。一方、駅の南側は通りを挟んで南町と緑町に分かれている。
◎坂戸町駅前
昭和30年代後半
提供：坂戸市教育委員会

坂戸駅は、東上線と越生線の分岐点であり、かつては若葉寄りに坂戸機関区が存在してこともあって、広い構内を有している。駅の構造は島式ホーム2面4線のある地上駅で、2011(平成23)年に南北自由通路をもつ橋上駅舎が誕生している。
◎坂戸
2006(平成18)年12月
提供：坂戸市

地上駅時代の坂戸駅、北口駅前の風景である。この当時は、北口と南口を結ぶ自由通路がなく、市民の要望が強いことから、この後に橋上駅舎に変わることになる。北口から続く道路を進んでゆくと坂戸市中央図書館に至り、その先には坂戸市文化会館、坂戸小学校がある。
◎坂戸　2005(平成17)年7月
提供：坂戸市

坂戸町行の表示を付けたモハ3210形のモハ3219。当時の車両は写真のように台枠が露出していた。越生線は越生鉄道を発祥とする坂戸町（現・坂戸）～越生間およそ11km足らずの路線。後ろのダブルルーフ車両と2両で越生へ向けて折り返し運転を行うのだろう。昭和の古きよき時代のひとコマ。◎坂戸町（現・坂戸）　1958（昭和33）年1月26日　撮影：荻原二郎

1973（昭和48）年に開業した北坂戸駅は、むさし緑園都市北坂戸地区の北坂戸団地の玄関口として新設された比較的歴史の新しい駅である。島式ホーム1面2線の地上駅であり、当初から橋上駅舎を有していた。駅舎、ホームの横には高層集合住宅の姿がある。
◎北坂戸　昭和40年代後半
提供：坂戸市教育委員会

ベージュとオレンジによる標準色塗装の運輸省規格形車両モハ5200形モハ5201。クハ420形から電動車へ改造されてモハ5200形となり、そのモハ5201。電動車改造の際に前面に貫通扉が付いた。写真は越生線折り返し運用。プラットホームには定番の鳥居型の案内板が立ち、「のりかえ 東上本線」とある。現在の東武鉄道では東武東上線と呼称案内し、正式名の東上本線を旅客案内などで使うケースは少ない。◎坂戸町（現・坂戸） 1966（昭和41）年9月15日 撮影：荻原二郎

高坂

高坂駅は1923（大正12）年の開業で、当初は東口しか存在しなかった。これは改築前の木造駅舎の改修前の姿である。駅の所在地は東松山市大字高坂。現在は、埼玉県こども動物自然公園、高坂ニュータウンの最寄り駅となっている。
◎高坂　1960（昭和35）年　提供：東松山市

1986（昭和61）年に誕生した高坂駅西口の駅前で踊りを披露する女性たち。ペデストリアンデッキの上からも多くの人が見守っている。この駅舎は、第1回彩の国景観賞を受賞したほか、駅前から続く道路は高坂彫刻プロムナードとなって市民に親しまれている。◎高坂　1986（昭和61）年　提供：東松山市

駅の西口と駅前ロータリーの姿。駅舎改築に伴い1986（昭和61）年に西口が設けられた。橋上駅舎で、時計台付きの三角屋根になっており、関東の駅百選の選定駅である。西口一帯は土地区画整理事業による整然とした街並みが続く。
◎高坂　2000（平成12）年3月25日
撮影：安田就視

東松山

1968（昭和43）年完成の駅舎。駅の東側にあたり、写真右側に写る跨線橋建設に伴い誕生した。1973（昭和48）年に橋上駅舎が完成し、以降も東口の出入口として改修を加えつつ長く使用された。◎東松山　1971（昭和46）年　撮影：荻原二郎

20m級4扉の7800系が入線。当時は東松山駅折り返しの運用だった。池袋からおよそ50km近い距離の東松山市だが、東京圏への人口流入で高度経済成長期を機にベッドタウンとしても発展した。写真は1968（昭和43）年に跨線橋が設置された後の写真。◎東松山　昭和40年代　撮影：山田虎雄

多くの人々の姿が見える東松山駅のホーム風景。現在の3代目は橋上駅舎だが、この当時は2代目の地上駅舎だった。現在の駅の所在地表記は東松山市箭弓（やきゅう）町1丁目。1954（昭和29）年までは比企郡松山町であり、1923（大正12）年の開業から1954年までは武州松山駅を名乗っていた。◎東松山　提供：東松山市

現在は相対式ホーム2面の東松山駅だが、写真当時は島式ホーム2面であった（もうひとつの島式ホームは写真右側方にあり）。これは当時、当駅での折り返し運用が多かったため。1977（昭和52）年10月にこの運用が無くなり、全て森林公園駅発着となり、折り返し運用のために設けていた線路を撤去して相対式ホームへ改めた。◎東松山　1970（昭和45）年　撮影：山田虎雄

森林公園

森林公園検修区にて撮影の
7300系。写真先頭車はクハ
361。同検修区は1971（昭和
46）年3月に開設された大型車
庫。長年親しまれてきた7300
系であったが、経年劣化には勝
てず、写真の前年から廃車が始
まっていた。
◎森林公園検修区
1982（昭和57）年
撮影：小川峯生

駅開業年に撮影の森林公園駅。
野原に大きな橋上駅舎が建つ当
時の風景。駅名は国営武蔵丘陵
森林公園に由来。駅開業と同時
に森林公園検修区が開設され、
大型車庫になる。住宅地も開発
され、車庫が隣接する駅という
性格上、当駅始発・終着の運用
が多い。
◎森林公園
1971（昭和46）年
撮影：荻原二郎

森林公園駅北口。北口には路線
バスが発着するロータリーがあ
り、国営武蔵丘陵森林公園や立
正大学熊谷キャンパス方面へ向
かう路線バスが発着。駅の出入
口には若者の姿が多く写る。森
林公園へのサイクリング需要か
ら東武レンタサイクル（写真左
側に看板あり）があったが、現在
は営業を終了した。
◎森林公園
1997（平成9）年11月14日
撮影：山田虎雄

つきのわ、武蔵嵐山

2002（平成14）年に開業した比較的新しい駅。同駅の次にみなみ寄居駅が開業した。駅の所在地が比企郡滑川町月の輪であるのが駅名の由来で、駅名は平仮名が選ばれた。相対式ホーム2面2線で、橋上駅舎が建つ。
◎つきのわ　2013（平成25）年

1961（昭和36）年、東武バスの開通式当日の武蔵嵐山駅前。日の丸を付けた東武バスの路線バスが駅前に停車している。武蔵嵐山駅は1923（大正12）年に菅谷駅として開業し、1935（昭和10）年に武蔵嵐山駅と駅名を改称している。
◎武蔵嵐山駅前
1961（昭和36）年
提供：嵐山町

昭和戦前期、この地の渓谷を訪れた東大教授の林学者で「公園の父」と呼ばれた本多静六が、京都の嵐山に似ているとして、武蔵の国の嵐山と命名した。そこから、駅名が「武蔵嵐山」と改められた。ただし、読みは「らんざん」である。この写真では、山間の場所に武蔵嵐山駅行きの東武バスが停車している。
◎武蔵嵐山バス停車場
1961（昭和36）年
提供：嵐山町

小川町、東武竹沢

国鉄八高線との接続駅。開業は東武鉄道のほうが早い。駅舎は駅の南側に位置し東武側にある。写真には古風で大柄な駅舎が写る。現在も橋上駅舎化されておらず、この駅舎に度重なる改修を加えて現在も使用されている。
◎小川町　1964（昭和39）年2月1日　撮影：荻原二郎

埼玉県比企郡小川町の小川町駅。池袋から60km以上の距離に位置する。写真は東京オリンピックが開催された1964(昭和39)年当時のプラットホームの様子。鳥居型の駅名標が立ち、当時の高校生らしき姿が写る。
◎小川町　1964(昭和39)年２月１日　撮影：荻原二郎

夏服の女子生徒やスーツを着た会社員の姿が目立つ小川町駅のホーム風景である。小川町駅は1923（大正12）年に東武東上線の駅として開業。1934（昭和9）年に鉄道省（国鉄を経てJR）八高線の駅が開業し、連絡駅となった。現在、都営地下鉄新宿線にも同名の駅（読みも同じ）が存在する。◎小川町　1975（昭和50）年頃　提供：小川町教育委員会

駅舎と駅前風景。写るバスや車にも懐かしさを感じる。左端に写る路線バスは東武バス小川町出張所（現在は閉所）配置で、観光バスから路線バス仕様へ改造された変わり種だった。写真の駅舎は改修を加えてすっきりした姿で現存し、出入口の上屋は立派な造りのものに変わり、駅舎前にはスロープが設置されている。◎小川町　1990（平成2）年頃　撮影：山田虎雄

東武根古屋線が分岐していた小川町駅に掲示の廃止案内。根古屋線は石灰石輸送の貨物線で八高線のC58が牽引していた。
◎小川町　1967（昭和42）年　撮影：荻原二郎

1932（昭和7）年に開業した竹沢駅だが、1934（昭和9）年に八高線の竹沢駅が開業したことにより、東武竹沢駅に改称している。駅の所在地は比企郡小川町大字靭負で、「竹沢」の地名は、南北朝時代から比企郡に存在した古い郷名である。
◎東武竹沢　1982（昭和57）年頃　提供：小川町教育委員会

みなみ寄居、男衾、鉢形、玉淀

2020（令和2）年10月に開業したみなみ寄居駅は、東上線で最も新しい駅であり、ホンダ寄居前という副駅名のとおり、本田技研工業埼玉製作所の寄居完成車工場の最寄り駅として設置された。単式ホーム1面1線は築堤上に位置し、橋上駅舎はホンダの工場と連絡する通路で結ばれている。
◎みなみ寄居
2021（令和3）年6月3日

1925（大正14）年、大里郡男衾村に開業した駅である。「男衾」は郡名にもなっていた地名であるが、「男衾三郎絵詞」という絵巻物にもなっている有名な武士の兄弟（男衾三郎・吉見二郎）も存在した。写真は旧駅舎時代。2016（平成28）年に駅の移設が行われ、東西自由通路が出来た。
◎男衾　2013（平成25）年

鉢形駅は1925（大正14）年、東上線の小川町〜寄居間の延伸時に男衾駅とともに開業した。島式ホーム1面2線で、写真は旧駅舎。2015（平成27）年に駅舎がリニューアルし、水車小屋をイメージしたユニークな駅舎が誕生している。
◎鉢形　2013（平成25）年

玉淀駅は1934（昭和9）年に開業しているが、太平洋戦争中の1943（昭和18）年12月から休止し、戦後に再び開業した。写真はリニューアル前の駅舎。単式ホーム1面1線で、荒川橋梁が近い駅である。◎玉淀　2013（平成25）年

『寄居町史』に登場する東武東上線 (町史より抜粋)

開通まで

　明治36 (1903) 年12月に、東京文京区の巣鴨から池袋、下板橋、志木、川越、松山、寄居をとおり、さらに児玉、高崎を経て渋川に至る全長74哩 (約118.4キロ) に及ぶ計画線を持った東上鉄道株式会社の設立申請がなされ、明治40年10月に設立が認可された。しかし、会社設立に当っては、当時、北千住～足利間の営業線を有していた東武鉄道株式会社が主体となることにより、大正1年11月、ようやく東上鉄道株式会社の設立の運びとなった。

　東上鉄道の路線建設工事は、大正2 (1913) 年11月に着工され、第1期線として、池袋から成増、志木、川越を経て田面沢 (現川越市駅) に至る路線が翌3年5月に開通した。

　東上鉄道は、大正9年4月7日、東武鉄道と合併し、解散した。この合併によって、すでに開通していた池袋～坂戸町間40.6キロと未開業の坂戸町～高崎間62.8キロが東武鉄道の営業線・計画線となった。

　この後、延長工事は東武鉄道の手によってすすめられ、大正12 (1923) 年10月1日に坂戸町～松山間が開通し、小川町まで開通したのは同年11月5日であった。寄居町までの延長工事は大正13年に着工されたが、これは坂戸町～高崎間の計画線を坂戸町～寄居間の計画線に変更してのものであり、同年12月31日までの竣工期限付でのものであった。同年内の竣工は見られなかったが、翌14年7月に竣工し、同月10日に開通した。ここに現在の東武東上線 (池袋～寄居間75.2キロ) が完成した。

　東上線の寄居までの延長工事が始まると、寄居への乗り入れ駅の誘致をめぐって、寄居町と桜沢村とが競い合ったが、結局、秩父鉄道寄居駅への乗り入れと決定し、両者の争奪戦は収束した (『東京朝日新聞』埼玉版大正13年2月22日)。

　池袋～寄居間の開通がなった東上線は大正14年7月8日に時刻改正を行った。また、開通を記念して開通式後1週間は汽車賃を5割引で営業した (『東松山市史資料編』第4巻所収、「高坂村毛塚区長野口茂久平手記」)。

　当初、東上線は、東京と上武を連絡する鉄道として計画され、名称もそれに由来するものであったが、計画は挫折し、池袋～寄居間の開通をもって建設は終了した。しかし、終点駅を寄居としたことにより、八高線の昭和9 (1934) 年10月の全線開通によって当初の計画は達成されたといえるだろう。

開通と寄居

　大正14 (1925) 年7月10日、東上線全線開通の開通式が寄居駅構内で開催された。

　東上線の開通を寄居町域の住民たちはどのように迎えたのだろうか。同年7月17日付の『東京朝日新聞』埼玉版は、男衾駅では「構内には紅白の幕を張って質ぼくな村人等が敗けぬ気になって祝杯を挙げて」、そして鉢形村では「お祭騒ぎで処女会員までが余所行きのお化粧をして乗客に麦湯の接待をして」寄居駅での開通式に向かう来賓をのせた列車を迎えたことを報じている。

　また、当時、寄居町と桜沢村は合併問題をめぐって様々な論議がなされていたが、この年、合併は不成立におわった。この合併不成立に関して、「(前略) 本春東上線停車場敷地で争奪戦を演じた行がかり上桜沢村民は合併に反対し遂に行悩みになり、寄居町では合併を断念した」と『東京朝日新聞』埼玉版は報じている (大正14年9月13日付記事)。

　東上線の終点駅となった寄居駅は、予算1万円をもって駅の建設をすすめ、同年10月5日に落成した。

　このようにして迎えられた東上線の全線開通であったが、全線開通ををまつ大正13年には、すでに東上線電化の動きがはじまっていた。しかし、電化されたのは昭和に入ってからで、昭和4 (1929) 年10月に池袋～川越市間、続いて同年12月に川越市～寄居間の電化が完成し、同月29日に電車運転が開始された。

寄居

準急種別で寄居行の蝶番型行先表示を付けたクハ240形クハ242が写る。クハ240形は1951（昭和26）年施行の改番でクハ101形からクハ240形へ改番された。クハ101形は戦中に木造客車の台枠を使って登場した鋼体化車両である。プラットホームの上屋には「東京への近道 特急で90分 東上線のりば」の大看板が立つ。◎寄居　1955（昭和30）年　撮影：青木栄一

行楽シーズンに運行された急行「あらかわ」。8000系は当時、登場から数年の形式で、カルダン駆動の臨時急行がスマートに見える。現在も単線区間の終端である寄居駅。池袋～寄居間の定期直通電車が無くなって久しい今日では、池袋行の行先表示が懐かしく感じさせる。◎寄居　1966（昭和41）年3月21日　撮影：荻原二郎

デハ10系とも呼ばれた5310系による「フライング東上」号。春や秋に運行された行楽特急だった。イギリス国鉄の「フライング・スコッツマン」にちなむネーミングで、青色の塗色に黄色の帯が入り異彩を放っていた。
◎寄居　昭和30年代　撮影：園田正雄

東上線の終着駅寄居駅。橋上駅舎で写真は南口の様子。旧駅舎は南側にあった。南口側には古くからの商店街が形成されている。出入口の駅名標には「秩父線 東上線 八高線」と開業順に並ぶ。写真右端には秩父巡礼の会の看板が写る。
◎寄居　1992（平成4）年9月27日　撮影：安田就視

古風な前面5枚窓による荷物電車モユニ1190。元は、大正14年系と呼ばれたデハ2形のデハ8で、モハ1110を経て1955（昭和30）年に荷物電車改造車モユニ1190となった。大正13年系のデハ1形とは異なり、こちらはシングルルーフの構造で、半鋼製車体であった。◎寄居　1961（昭和36）年　撮影：宮地 元

モハ3210形の準急。池袋～寄居間に運行されていた準急で、蝶番が付いた行先板が掲示されている。蝶番は「ちょうつがい」または「ちょうばん」とも呼ばれ、開閉を可能にするもの。行先板は真ん中で折れ、別の行先を表示できるように工夫されていた。
◎寄居　1961（昭和36）年　撮影：宮地 元

越生線
（一本松、西大家、川角、武州長瀬、東毛呂、武州唐沢、越生）

江戸時代「見返り松」と言われた一本松が立っていたことに由来する駅名。現在は相対式ホーム2面だが、最初は単式ホーム1面の駅だった。高校生だろうか、多くの利用客の姿が写っている。◎一本松　提供：鶴ヶ島市

上の一本松駅の写真と撮影年が同じか、もしくは近い時と思われる写真で、駅舎側から見た角度。周りには木製の枕木で作った柵が並ぶ。駅舎は簡易的で、壁で囲まれておらず、風雨を避ける目的のようだ。
◎一本松　1966（昭和41）年9月15日　撮影：荻原二郎

1966（昭和41）年当時の西大家駅の駅舎。改札口の向こうを上がると単式ホームがある。写真左の窓越しに駅員の姿が写る。
駅付近に西大家信号所があり、日本セメント埼玉工場への専用線が分岐した。
◎西大家　1966（昭和41）年9月15日　撮影：荻原二郎

川角駅付近の踏切光景。川角駅は1934（昭和9）年の開業で、駅の所在地は入間郡毛呂山町大字下川原。現在の駅は跨線橋で
結ばれた相対式ホーム2面2線である。◎川角　撮影年月日不詳　提供：毛呂山町

２両編成で走る越生線の電車が見える武州長瀬駅の風景である。1938（昭和13）年の開業。単式ホーム１面１線の棒線駅だったが、1987（昭和62）年に武州長瀬〜東毛呂間の複線化に合わせて、相対式ホーム２面２線となった。現在は橋上駅舎となっている。◎武州長瀬　昭和30年代後半　提供：毛呂山町

埼玉県入間郡毛呂山町の東毛呂駅。草木が茂る向こうに昭和40年代のホームと駅舎が見える。駅の開業は1934（昭和９）年。現在の駅の構造は島式ホーム１面２線である。1987（昭和62）年に武州長瀬〜東毛呂間が複線化された。
◎東毛呂　昭和40年代　提供：毛呂山町

入間郡毛呂山町に所在する駅。写真は1971（昭和46）年当時の駅舎の様子。現在も増築するなどして使用されている。アスファルト舗装がされていない駅前が写る。◎東毛呂　1971（昭和46）年　撮影：荻原二郎

入間郡越生町に所在する駅。越生線越生駅のひと駅前。1971（昭和46）年当時の駅の様子が写り、駐車禁止の注意書きが2本立つのが写る。「当社の承諾なく駅構内への駐車または出店を禁じます」とある。
◎武州唐沢　1971（昭和46）年2月6日　撮影：荻原二郎

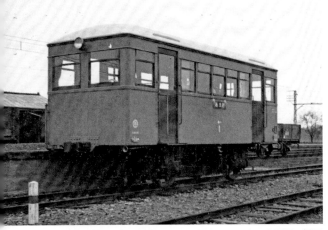

越生鉄道の時代に撮影のキハ１形キハ１。キハ１形は、坂戸町（現・坂戸）〜高麗川（後の森戸）間で川砂利の貨物営業を行っていた越生鉄道が、1934（昭和９）年12月の越生までの全通にあわせて旅客営業を開始するために導入したガソリンカー。キハ１形はキハ１とキハ２の２両があった。
◎1936（昭和11）年　撮影：荻原二郎

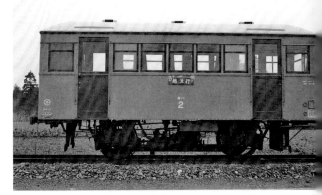

キハ１形キハ２。左下に越生鉄道の社章が写る。越生鉄道は1943（昭和18）年に東武鉄道越生線となるが、キハ３形とともに引き継がれて運用された。翌年12月からの不要不急線による運行休止を経て、終戦後再び越生線での運用を開始したキハ１形だったが、1950（昭和25）年の電化でガソリンカーが無用となり、1954（昭和29）年に廃車された。
◎1936（昭和11）年　撮影：荻原二郎

駅の西側にあった旧駅舎。JR東日本の駅舎らしく「谷川岳の名水大清水」の飲料水自動販売機が設置されている。駅は2019（平成31）年３月に東西自由通路と東口が設けられ、2021（令和３）年には旧駅舎跡に「道灌おもてなしプラザ」がオープンしている。
◎越生　2000（平成12）年６月29日　撮影：安田就視

５窓の前面窓が並ぶクハ212が写り、越生線で運用されていた頃の貴重な写真。左右の窓の上には行先表示用の窓が見られる。1924（大正13）年系のデハ１形と呼ばれ、鉄骨木造車体のダブルルーフ車で東武初の電車形式。デハ１からモハ1100を経てクハ212となった。◎越生　1953（昭和28）年　撮影：荻原二郎

辻 良樹（つじ よしき）

1967（昭和42）年1月、滋賀県生まれ。鉄道PR誌編集を経てフリーに。著書に『関西 鉄道考古学探見』『にっぽん列島車両図鑑』（ともにJTBパブリッシング）のほか、最近の著作に『北海道の廃線記録』（全4巻）や『北海道の国鉄アルバム』（全3巻）（ともにフォト・パブリッシング）などがある。私鉄についても著作多数。

【写真撮影】

青木栄一、大谷正春、荻原二郎、園田正雄、竹中泰彦、長門 朗、宮地 元、諸河 久、安田就視、山田虎雄
RGG（荒川好夫、伊藤威信、花上嘉成、武藤邦明、森嶋孝司）、朝日新聞社

【写真提供】

朝霞市、板橋区公文書館、小川町教育委員会、越生町、坂戸市、坂戸市教育委員会、志木市、鶴ヶ島市、練馬区、東松山市、富士見市、ふじみ野市立上福岡歴史民俗資料館、毛呂山町、嵐山町、和光市

【執筆協力】

生田 誠（自治体、公共機関提供写真の解説）

◎越生駅旧駅舎　提供：越生町

昭和（しょうわ）～平成（へいせい）
東武東上線沿線アルバム（とうぶとうじょうせんえんせん）

発行日……………………2022年6月5日　第1刷　※定価はカバーに表示してあります。

解説……………………辻 良樹

発行者……………………春日俊一

発行所……………………株式会社アルファベータブックス

　　　　　　　　　　　〒102-0072　東京都千代田区飯田橋 2-14-5 定谷ビル

　　　　　　　　　　　TEL. 03-3239-1850　FAX.03-3239-1851

　　　　　　　　　　　https://alphabetabooks.com/

編集協力……………………株式会社フォト・パブリッシング

デザイン・DTP ………柏倉栄治

印刷・製本……………モリモト印刷株式会社